HANDLESEKUNST FÜR ALLE

MIT NEUEN UND BISHER UNVERÖFFENTLICHTEN ERKENNTNISSEN ÜBER DIE HANDLESEKUNST

VON

CHEIRO

MIT ÜBER SECHZIG ILLUSTRATIONEN

Aus dem Englischen übertragen von
Ingrid Meyer, Berlin

Weitere Bücher aus dem Bohmeier Verlag:

Magikon - Archiv für Beobachtungen aus dem Gebiet der Geisterkunde und des magnetischen und magischen Lebens nebst anderen Zugaben für Freunde des Inneren als Fortsetzung der Blätter aus Prevorst von Dr. Justinus Kerner, ISBN 978-3-89094-535-4

Experimentelles Hellsehen (Experimente von Dr. A. N. Chowrin) - Die Erforschung des räumlichen Hellsehens von Dr. A.N. Chowrin, ISBN 978-3-89094-455-5

Unsichtbare Welt - Okkultismus, Magie, Alchimie, Satanismus, Wahrsagerei, Astrologie, Spiritismus, Magnetismus und Hypnose v. Jules Bois, ISBN 978-3-89094-494-4

Die Seherin vom Schwarzwald - Merkwürdige Enthüllungen aus dem Geisterreich über den Tod, Schutzengel und Geistererscheinungen, das Magnetisieren und weitere ungewöhnliche Phänomene von Anonym, ISBN 978-3-89094-490-6

Die Geschichte der Templer - Die Geschichte des Ordens und seiner Tempelritter von Dr. Wilhelm Havemann, ISBN 978-3-89094-516-3

Geschichte des Johanniter-Ordens - Die Ritter und die Ordensgeschichte unter besonderer Berücksichtigung des Heermeistertums Sonnenburg oder der Ballei Brandenburg von Dr. Eduard Ludwig Wedekind, ISBN 978-3-89094-567-5

Das 6. und 7. Buch Mose - Oder der magisch-sympathische Hausschatz und Mosis magische Geisterkunst, das Geheimnis aller Geheimnisse - wortgetreu nach einer alten Handschrift mit erstaunlichen Abbildungen von Mose, ISBN 978-3-89094-376-3

Das 8. und 9. Buch Mose oder enthüllte Geheimnisse der Zauberei von Mose, ISBN 978-3-89094-387-9

Cheiro (* 01.11.1866 in Dublin; † 08.10.1936 in Hollywood) war Okkultist und Autor zukunftsdeutender Werke. Geboren als ‚William John Warner', nahm er aber schon in frühen Jahren den Künstlernamen ‚Count Louis Hamon' an. Sein Pseudonym Cheiro basiert auf ‚cheiromancy' (Chiromantie = Handlesekunst). Diese Übersetzung aus dem Englischen wurde von Ingrid Meyer (Berlin) vorgenommen. Die englische Ausgabe erschien ursprünglich unter dem Titel (Cheiro's Palmistry for All by Cheiro – und erschien in Herbert Jenkins Limited 3 York Street, London, S. W. I).

Gesamtherstellung: Bohmeier Verlag, Printed in Germany

ISBN 978-3-89094-607-8

Inhaltsverzeichnis

Bildverzeichnis

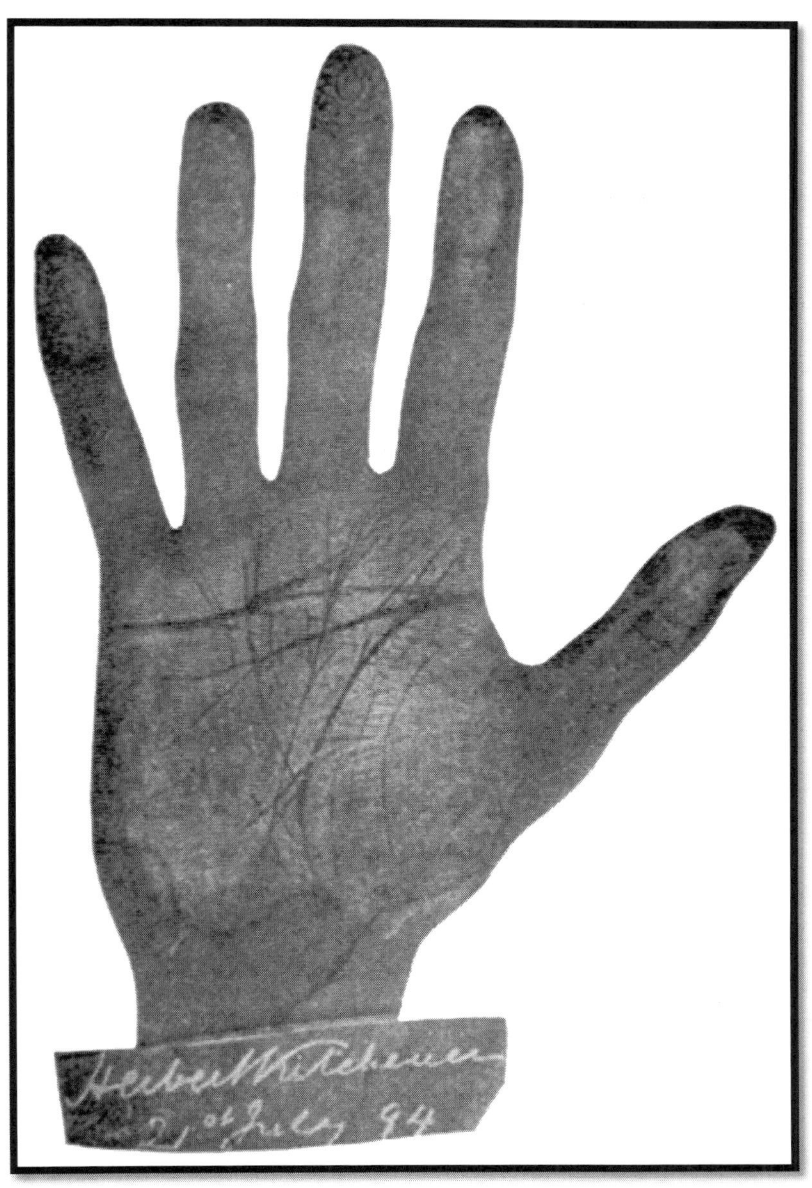

Signierter Abdruck von Lord Kitcheners Hand
Erstellt von „Cheiro“ am 21. Juli 1894.

Einführung

Am 21. Juli 1894 hatte ich die Ehre, Lord Kitchener zu treffen und von ihm einen handsignierten Abdruck seiner rechten Hand zu erhalten, den ich jetzt als Vorsatz zu diesem Buch erstmalig veröffentliche. Ich führte das Interview an jenem Tag mit Lord Kitchener, bzw. zu dem Zeitpunkt Generalmajor Kitchener, im Kriegsministerium, und für die Abbildung der Hand benutzte ich ein Stück Papier, das auf seinem Tisch lag. Seltsamerweise ist ein Abdruck von dem Briefbogen des Kriegsministeriums auf dem mit Mittelfinger zu erkennen, eine Vorahnung, dass er eines Tages diese wichtige Abteilung leiten würde.

Lord Kitchener war damals Sirdar, britischer Oberbefehlshaber der ägyptischen Armee. Er war nach England zurückgekehrt, um seine Abdankung einzureichen aufgrund zahlreicher negativer Kritiken im Zusammenhang mit der „Abbas-Affäre", und so nutzte ich die Gelegenheit, ihn darum zu bitten, seinen Handabdruck meiner Sammlung von berühmten Männern und Frauen hinzuzufügen.

Wie T. P. O'Connor kürzlich über Lord Kitchener schrieb: „Eine seiner hervorragendsten Eigenschaften, die sowohl nützlich als auch charmant ist, ist seine Umgänglichkeit. Jeder, der etwas mit ihm besprechen will, kann zu ihm kommen; jeder, der ihn etwas lehren will, findet in ihm einen aufmerksamen, dankbaren Schüler."

Ich kann den Wahrheitsgehalt dieser Aussage zu einer der typischsten Charaktereigenschaften von Lord Kitchener nur bestätigen. Jenes Jahr, das Jahr 1894, war eines der bemerkenswertesten in seinem Leben; sein Engagement in der Abbas-Affäre wurde gutgeheißen; er wurde befördert und kehrte mächtiger als zuvor nach Ägypten zurück.

Seine Anwesenheit versetzte mich sofort in eine entspannte Stimmung und nach einer kurzen Erläuterung schien er äußerst interessiert an dem Unterschied zwischen den Linien seiner markanten Handfläche und denen Dutzender anderer Abdrücke, die ich ihm vorlegte.

Er war damals fast vierundvierzig Jahre alt und ich erinnere mich genau, wie ich ihm darlegte, dass diese Schicksalslinien ihm noch höhere Positionen und mehr Vollmachten aufzeigten. Die schwierigste und größte Aufgabe, so erklärte ich ihm, würde auf ihn zukommen, wenn er vierundsechzig Jahre alt sein wird (1914), wobei aber keiner von uns beiden daran dachte, dass in dem Jahr der schrecklichste aller Kriege des Jahrhunderts ausbrechen würde.

Da ich glaube, dass das Gesetz der Periodizität, der regelmäßigen Wiederkehr, eine große Rolle in Staaten und im Leben von Menschen spielt, erscheint es mir seltsam, dass die gleichen Radixzahlen, die Lord Kitcheners Karriere bei der Planung der ägyptischen Kampagne bestimmten, welche in die großen Siege von Atbara und Omdurman 1896 und 1897 führte, identisch sind mit jenen für die Jahre 1914-1915. Und 1916 sind es die gleichen Radixzahlen, als er im Jahr 1898 den Dank beider Houses of Parliament und eine Schenkung von £ 30.000,-- erhielt.

Wer sich für diese seltsame Studie der Hände interessiert, wird nicht umhinkommen, dem abgebildeten Abdruck von Lord Kitcheners Hand besondere Aufmerksamkeit zu widmen. Alle Regeln der Handlesekunst, die ich auf den nachfolgenden Seiten beschreibe, sind darauf in allen Einzelheiten zu erkennen.

Um auf den Abdruck dieser bemerkenswerten Hand zurückzukommen: Bereits an der Form der Hand lassen sich deutliche Merkmale nach den Regeln der Handlesekunst ablesen.

Die Länge der Finger – intellektuelle Fähigkeiten (Seite 96, Tafel IV, Teil II) starke Entschluss- und Willenskraft (Kapitel über den Daumen, Seite 91), geistige Fähigkeiten und entschiedene Zielverfolgung (siehe Kopflinie S. 23).

Die bemerkenswerte Schicksalslinie, die die Hand hinauf verläuft und dann in Richtung Zeigefinger abbiegt, deutet auf Ehrgeiz und Macht über andere Menschen hin (Seite 44).

Die Erfolgslinie oder Ruhmeslinie, die an der Lebenslinie beginnt und zum Ringfinger aufsteigt, entspricht genau dem Zeitabschnitt in Lord Kitcheners Karriere, als er begann, Anerkennung und Erfolg zu erlangen (Seite 51).

In einem meiner ausführlicheren Werke habe ich Gladstones Hand zur Illustration der Wahrheit meiner Ausführungen abgebildet, und in diesem Buch zeige ich Lord Kitcheners Hand als weiteren Beweis dafür, dass der Charakter eines Menschen an der Form und den Linien der Hand zu erkennen ist, und so wie man oft sagt, „Der Charakter ist das Schicksal", so ist es sicher nicht unlogisch zu behaupten, dass man eine deutliche Vorstellung vom Charakter, Willen und der Persönlichkeit eines Menschen erhalten kann, wenn man den Regeln dieses Buches folgt – Pfade, die weit in die Zukunft deuten, Antrieb und Ziel sind bereits festgelegt und bereit, im „richtigen Moment" eingesetzt zu werden.

Abschließend möchte ich sagen, dass ich mich jetzt von jeglicher beruflichen Tätigkeit zurückgezogen habe und erlaube mir hinzuzufügen, dass ich dieses Buch mit seinen Ideen nicht auf der Suche nach Kunden veröffentliche. Mein Wunsch ist es lediglich, dass diese erstaunliche Studie als nützliche und praktische Hilfe angesehen wird, um Charaktereigenschaften, Fähigkeiten und verborgene Veranlagungen aufzuspüren, die ansonsten verborgen bleiben würden.

Ich denke, wenn alle Eltern nur ein Minimum an Handlesekunst beherrschen würden, dann könnten die meisten Kinder viel erfolgreicher unterrichtet und ihre Fähigkeiten besser gefördert werden.

Oft ist es schon zu spät, wenn ein Kind – vermutlich rein zufällig – entdeckt, dass es Neigungen und Talente besitzt, die seine Eltern niemals erwartet hätten.

Es ist nicht verwunderlich, dass nur wenige Menschen ihre wahre Bestimmung auf der Welt kennen, wenn man bedenkt, auf welche wahllose und willkürliche Weise Kinder aufgezogen werden – mit einem Schulunterricht, der meistens alle Schüler auf das gleiche Mittelmaß herabzieht und sie dann in die Armee, die Kirche und die Wirtschaft entlässt.

Wenn dagegen diese Erkenntnisse, die das Verständnis für den Charakter schärfen sollen, mehr beachtet würden, dann hätten Eltern weniger Entschuldigungen für ihre Ignoranz gegenüber den wahren Veranlagungen ihrer Kinder, die sie für den Existenzkampf befähigen sollen.

Dieselben Eltern würden mit Recht empört ihre Stimme erheben, wenn man Soldaten ohne Ausbildung und ohne geeignete Ausrüstung in den Kampf schicken würde, und doch haben diese Eltern noch nie im Leben auch nur den geringsten Versuch unternommen, das Wesen ihrer Kinder zu erkennen, ihre Schwächen zu stärken und Talente zu fördern, um sie derart gut bewaffnet in den Kampf des Lebens zu schicken.

Aus diesem Grund hoffe ich sehr, dass meine Studie der Handlesekunst eines Tages von den Menschen angenommen wird. Deshalb habe ich mich für Männer wie Gladstone, Professor Max Müller, of Oxford, Lord Russel in seiner Zeit als Lord Chief Justice, King Edward VII. und zahlreiche andere interessiert; und zu guter Letzt habe ich aus diesem Grund dieses Buch geschrieben, das unter dem Titel „Handlesekunst für Alle“ hoffentlich alle Klassen ansprechen und ein solches Interesses an Charakterstudien hervorrufen wird, dass die Handlesekunst nicht mehr nur Wenigen vorbehalten bleibt, sondern stattdessen überall und zum Nutzen aller eingesetzt wird.

CHEIRO

Anmerkung: „Cheiro“ hat sich schon vor einiger Zeit von jeglicher Berufstätigkeit zurückgezogen, und die Leserschaft wird vor Menschen gewarnt, die sich als der wahre „Cheiro“ und als Autor seiner bekannten Werke auszugeben versuchen.

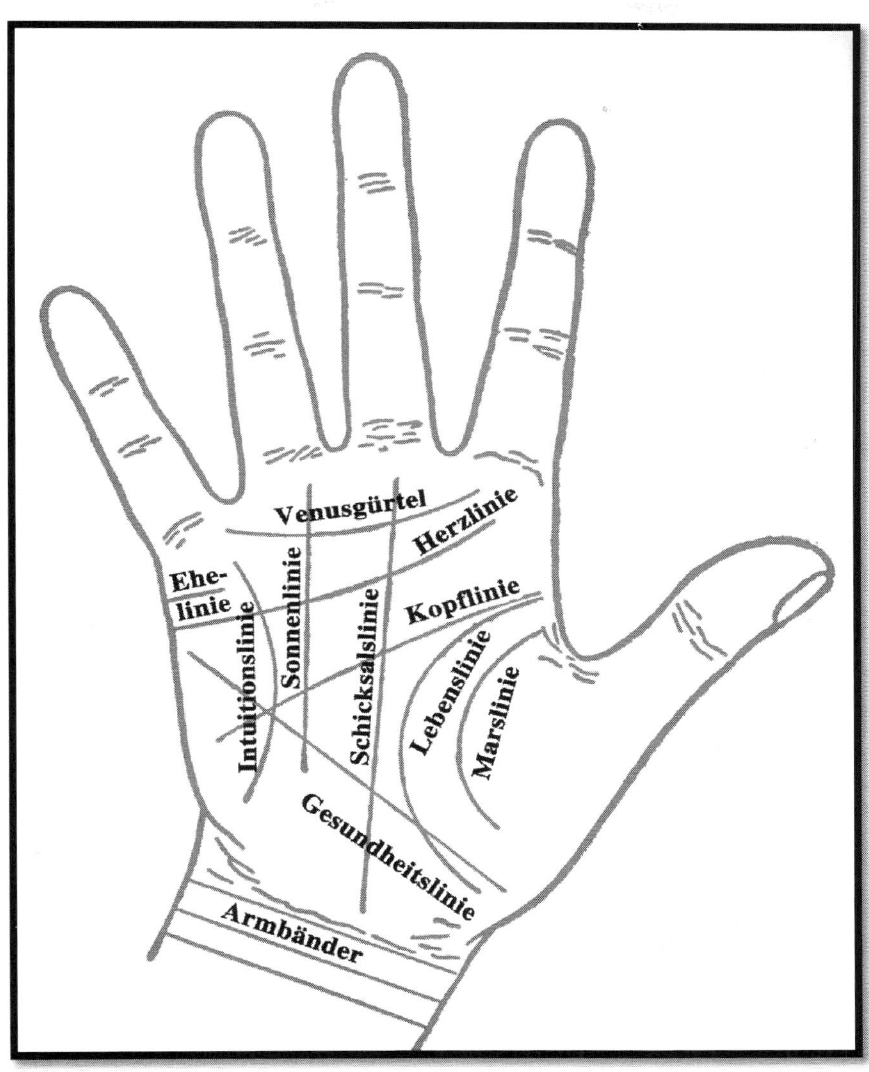

Die Linien der Hand.

Teil I – Die Handlesekunst oder Chiromantie

Kapitel I – Eine kurze Übersicht über die Geschichte der Handlesekunst durch die Jahrhunderte bis heute

Der Erfolg meiner fünfundzwanzigjährigen Arbeit mit dieser Kunst beruht vermutlich darauf, dass ich mich zwar hauptsächlich mit den Linien und Formen von Händen befasst habe, aber mich dabei nicht nur auf diese Seite aus dem Buch der Natur beschränkt habe. Ich habe mich bemüht, alle Aspekte zu untersuchen, die ein Licht auf das menschliche Leben werfen können; und so wurden von mir konsequenterweise auch die Erhebungen auf der Haut und die Haare auf der Hand mit berücksichtigt, um genauere Anhaltspunkte zu erhalten. Oft habe ich festgestellt, dass Menschen meiner Studie gegenüber nur deshalb skeptisch eingestellt waren, weil sie ihnen nicht plausibel erklärt wurde.

Es gibt Hunderte von Tatsachen über die Hand, von denen die meisten Menschen nur selten oder noch nie gehört haben, aber ich bin sicher, dass sie alles besser verstehen, wenn ich sie mit meinem Buch erreiche. So wurde zum Beispiel 1853 von Meissner ein unterschiedliches Verteilungsmuster von Korpuskeln in der Hand festgestellt. Er fand heraus, dass sich in den Fingerspitzen 108 Korpuskeln mit 400 Papillen befinden, die mit dem Gehirn verbunden sind. Diese geben ein leichtes Zittern oder Vibrieren von sich, und in den roten Linien der Hand sind sie besonders zahlreich vorhanden. Seltsamerweise sind sie in der Handfläche in Reihen gerade ausgerichtet. Es wurden Experimente mit diesen Vibrationen gemacht und man stellte fest, dass diese Schwingungen bei jedem Menschen unterschiedlich sind und *ihm eindeutig zugeordnet werden können*. Sie nahmen zu oder ab, je nach Gesundheitszustand, dem Gedankengang oder bei Aufregung und erloschen, wenn der Tod sich seines Opfers bemächtigte. Zwanzig Jahre später wurden mit einem Mann in Paris Experimente durchgeführt, der ein ungewöhnlich ausgeprägtes Gehör hatte (ein Ausgleich der Natur für seine angeborene Blindheit). In kurzer Zeit konnte dieser Mann die kleinsten Abweichungen in den Vibrationen feststellen, und durch diese Veränderungen konnte er mit bewundernswerter Genauigkeit feststellen, wie alt der Mensch war, wie sein Gesundheitszustand war oder sogar, ob ihm der Tod bevorstand.

Diese Untersuchungen der Nervenenden wurden 1874 von Sir Charles Bell fortgesetzt, der beweisen konnte, dass alle Nervenenden direkt mit dem Gehirn verbunden sind. Dieser großartige Fachmann bewies außerdem, dass alle Bereiche des Gehirns mit den Nerven der Hand und speziell mit den Nervenenden, die sich in den Fingerspitzen und Handlinien befinden, verbunden sind.

Heutzutage werden Fingerabdrücke, speziell vom Daumen, von der Polizei in fast allen Ländern genommen und Tausende von Kriminellen wurden auf diese Weise identifiziert.

Scotland Yard hat heutzutage eine fast komplette Bibliothek mit Büchern zu diesem Thema und Sammlungen, die die Polizei hierzu erstellt hat, aber ich erinnere mich noch genau, wie seinerzeit Monsieur Bertillon von der französischen Polizei, der diese Methode zur Identifizierung Krimineller als Erster eingesetzt hat, verspottet wurde. Wenn die Polizei ihre Vorurteile gegenüber der Studie der Handlinien aufgeben würde, könnte sie viel über die Bedeutung dieser Linien erfahren, besonders über die Mentalität und den Geisteszustand eines Menschen, sowohl in positiver als auch in negativer Hinsicht.

Bekanntlich erscheinen die Rillen in der Haut wieder genau wie sie waren, wenn man die Haut abbrennt oder wegätzt, und ebenso ist es mit den „Spiralen“ an den Fingerspitzen.

Bei der wissenschaftlichen Anwendung dieser Studie könnte man zum Beispiel die Veranlagung zu Geisteskrankheiten etc. feststellen.

In seiner „*Religio Medici*“ hat Sir Thomas Browne, nachdem er erst über Physiognomie referiert hat, Folgendes angemerkt: „ Neben den Charakterzügen in unseren Gesichtern gibt es mysteriöse Formen auf unseren Händen, die ich *nicht einfach als wahllose Striche* oder Linien bezeichnen möchte, denn wenn ich sie mit einem Stift nachzeichne, ergibt sich immer etwas Besonderes, und es interessiert mich auch deshalb, weil ich dies auch auf meinen eigenen Händen habe und sich diese Abbildungen nicht in gleicher Weise an anderen Händen ablesen oder wiederfinden lassen.“

Aber Vorurteile sind schwer zu widerlegen und so wird diese Studie, die der Menschheit so hilfreich sein könnte, auch in der heutigen modernen Zeit noch ignoriert. Andererseits wurde diese merkwürdige Kunst von großen Lehrern und Studenten anderer Zivilisationen aufgegriffen.

Es wurde lange darüber gestritten, ob die alten Philosophen erleuchteter waren als wir heutzutage, aber es ist eindeutig, dass das wichtigste Studienobjekt damals der Mensch war. Deshalb kann man mit Sicherheit davon ausgehen, dass ihre Erkenntnisse genauer waren als die unsrigen, mit all unseren Werkzeugen der Zerstörung, den Kriegsschiffen, dem Dynamit und den Kanonen.

Die Handlesekunst kann bis in die frühesten gebildeten Zivilisationen zurückverfolgt werden. Sie wurde von den größten Denkern der damaligen Zivilisationen angewandt, von Persönlichkeiten aus Indien, China, Persien, Ägypten und Rom, deren philosophischen Erkenntnisse und Vermächtnisse wir bewundern, und die bei ihren Studien am Menschen auch der Handlesekunst eine große Bedeutung beigemessen haben.

Während meines Aufenthaltes in Indien hatte ich das Glück, das Vertrauen von Brahmanen der Joshi-Kaste zu gewinnen, die dafür bekannt ist, dass sie sich seit jeher mit okkulten Themen beschäftigt hat, und ich konnte dort ein außergewöhnliches Buch lesen und mir Notizen zu machen; ein Buch, das fast als heilig betrachtet wurde und ein Teil der großartigen Vergangenheit des jetzt verachteten Hindustans ist.

In dem Maß, wie sich das Wissen der Hindus über die Erde ausbreitete, wurden auch die Theorien und Gedanken zur Handlesekunst in anderen Ländern verbreitet und angewendet.

So wie sich eine Religion den Bedingungen des Landes, in dem sie verkündet wird, anpasst, so hat sich auch die Handlesekunst in den jeweiligen Gebieten verändert. Unsere heutige klare und eindeutige Form der Handlesekunst verdanken wir der griechischen Zivilisation. Diese wird in vielfacher Hinsicht als eine der höchstentwickelten und intellektuellsten Zivilisationen der Welt angesehen, und hier entwickelte sich die Handlesekunst oder Chiromantie (aus dem Griechischen *χeíp* Hand) weiter und fand Anerkennung in den Augen jener, die die Gesetze und Philosophien geschaffen haben, die wir noch heute anwenden und an unseren Universitäten und Schulen lehren.

Es ist bekannt und unbestritten, dass der Philosoph Anaxagoras die Handlesekunst nicht nur lehrte sondern auch selbst anwandte. Wir wissen auch, dass Hispanus auf einem dem Hermes gewidmeten Altar ein Buch über Chiromantie fand, das in goldenen Buchstaben geschrieben war und das er an Alexander den Großen sandte als „eine Studie, die es verdient, die Aufmerksamkeit des wachen und fragenden Geistes zu erwecken."

Es sind nicht die „schwachen" Menschen, sondern gelehrte Geister wie Aristoteles, Plinius, Paracelsus, Cardamis, Albertus Magnus, Kaiser Augustus und viele andere bekannte Persönlichkeiten.

Hiermit kommen wir zu der Zeit, als die Macht und Rechtsprechung der Kirche infrage gestellt wurde. Es heißt, dass die frühen Priester auf den Einfluss der alten Wissenschaften eifersüchtig waren. Ob dies nun stimmt oder nicht, jedenfalls wurden diese von der frühen Kirche erbittert verleumdet und verfolgt. Bekanntlich ist das Wissen einer Glaubensgemeinschaft oder Sekte immer das Wissen der Opposition, bis sich dieses Wissen durchsetzt. Deshalb wurde die Handlesekunst, „ein Auswuchs von Heiden und Ungläubigen" überhaupt nicht beachtet. Sie wurde als Hexerei und Zauberei gebrandmarkt und der Teufel als geistiger Vater der Schüler der Handlesekunst bezeichnet. Die Konsequenz war eine erbitterte Verfolgung und so fiel dieses Wissen in die Hände von Landstreichern, Strauchdieben und Zigeunern. Interessant ist, dass trotz aller Verfolgungen ein Buch über die Handlesekunst, „*Die Kunst Ciromantia*", eines der ersten überhaupt gedruckten Bücher war und im Jahr 1475 in Augsburg erschien.

Bei den Studien am Menschen wurde nicht nur vorausgesetzt, dass es von der Natur festgelegte Plätze für die Nase, Augen, Mund usw. gibt, sondern dass auch die Linien der Hand sich an den von der Natur dafür vorgesehenen Stellen befinden, wie die Kopflinien, die Lebenslinie usw. Wenn diese von den normalen Positionen abweichen, so ist dies ein Hinweis auf unnatürliche Tendenzen. Sicher hat es viele Jahre gedauert, bis diese Linien und Zeichen erkannt wurden, aber man muss sich dabei vor Augen halten, dass diese seltsame Kunst älter ist als jede andere der Welt.

In dem ursprünglichen hebräischen Buch Hiob (Kap. XXXVII, Vers 7) lesen wir diese bedeutungsvollen Worte: „Gott schuf Zeichen oder Siegel auf den Händen aller seiner Menschenkinder, damit die Menschenkinder ihre Werke erkennen würden."

So wie ein Studierender der Anatomie anhand eines einzigen Knochen ein komplettes System rekonstruieren kann, so kann man auch an einem wichtigen Körperteil wie der Hand das gesamte System nachvollziehen und jede Ausprägung bis hin zu ihrem Ursprung nachverfolgen, unabhängig von Aberglauben und Mystik.

Die Wissenschaft der Neuzeit unterstützt sogar diesen sogenannten Aberglauben der Vergangenheit. In aller Welt legen Wissenschaftler nach und nach ihre Vorurteile ab und beginnen, sich mit okkulten Fragen zu beschäftigen. Vielleicht wird eines Tages das „Warum und Wofür" dieser Dinge genauso einfach erklärbar sein wie die Wellen der Elektrizität, die heutzutage Nachrichten von Land zu Land übermitteln.

Kapitel II - Die Kopflinie oder Hinweise auf den Geisteszustand

Der Zweck der nachfolgenden Kapitel ist es, klare und unmissverständliche Erklärungen zu den Linien und Zeichen der Hand zu geben, und zwar sowohl aus der Sicht des Studierenden als auch des einfachen Lesers. Dies ist meistens nicht der Fall, denn üblicherweise sollen Bücher, die zu diesem Thema erscheinen, einfach nur der allgemeinen Öffentlichkeit gefallen.

Während meiner fünfundzwanzigjährigen Tätigkeit in England, Amerika und anderen Ländern habe ich sorgfältig alle Fragen, die in den bisher zu dem Thema veröffentlichten Büchern nicht geklärt wurden, aufgeschrieben. Ich habe mir außerdem alle Probleme notiert, die sich bei den Studierenden ergaben, bzw. wo es keine Antworten oder Erläuterungen zu bestimmten Zeichen oder Linien gab. Ich möchte erwähnen, dass ich hier nur Erklärungen anbiete, die sich mit jeweils etwa tausend untersuchten Fällen aus meiner langjährigen professionellen Arbeit untermauern lassen.

Ich habe versucht, die Illustrationen so einfach und deutlich wie möglich zu halten. Ich bin überzeugt, dass jeder Interessierte, der sich sorgfältig mit dem Thema befasst, diese meisterlich verstehen wird, und jeder, der nach den Anweisungen auf den folgenden Seiten handelt, wird die Handlesekunst erfolgreich für sich nutzen können.

In meinen Werken ist immer die Kopflinie (Seite 17), bzw. Verstandeslinie, die wichtigste, die auf der Hand zu sehen ist.

Die Kopflinie ist wie eine Kompassnadel, ohne deren Kenntnis die „Richtung des Gegenstandes“ nicht festgelegt werden kann. Die meisten Fehler, die ich gesehen habe, wurden durch mangelnde Berücksichtigung dieser Linie verursacht.

Zum Beispiel habe ich oft gesehen, dass ein Handleser der vermeintlich gut aussehenden Sonnen- oder Erfolgslinie Aufmerksamkeit widmete, aber gleichzeitig nicht die schwach ausgeprägte Kopflinie berücksichtigt hat, die den Versprechen der jeweiligen anderen Linien entgegenstand. Hätte sich der Handleser dagegen zuerst mit der Kopflinie beschäftigt, so hätte er festgestellt, dass das Erfolgsversprechen nicht durch die Intelligenz oder den Geisteszustand unterstützt wurde.

Bei der Zukunftsvorhersage muss berücksichtig werden, dass sich das Gehirn immer wieder verändert, wächst, zunimmt oder abnimmt. Diese Veränderungen finden bereits Jahre vorher statt, bevor sich ihre Wirkung durch Gedanken oder Handlungen bei der jeweiligen Person zeigt. Die Entwicklung eines zehnjährigen Jungen zeigt sich zum Beispiel oft erst, wenn er bereits dreißig ist und sie kann dann sein gesamtes Leben und seine Karriere verändern. Bereits im Alter von zehn Jahren haben sich Veränderungen der Nerven gezeigt, die die Kopflinie beeinflussen – zwanzig Jahre bevor die eigentliche Veränderung oder Handlung eintritt. Daraus kann der Schluss gezogen werden, dass die Zukunft bei sorgfältiger Betrachtung aus der Hand gelesen werden kann; wie Aristoteles sagte, „das Organ der Organe, das aktive Element zwischen den passiven Kräften des gesamten Systems".

Die Kopflinie und ihre Varianten

Die Kopflinie, die den Geisteszustand anzeigt, ist auf jeden Fall die wichtigste Linie der Hand. Ihr ist die größte Aufmerksamkeit zu widmen, da sie eine deutliche Aussage über die geistige Verfassung des zu untersuchenden Menschen gibt.

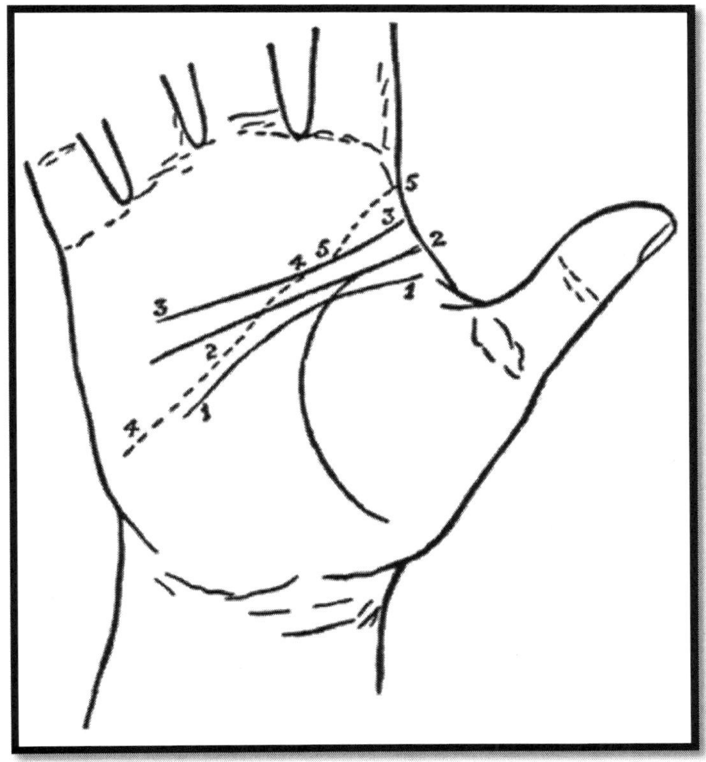

Abbildung I –
Die drei wichtigsten Anfangspositionen der Kopflinie.

Beide Hände müssen sorgfältig verglichen werden – die linke Hand zeigt *vererbte Veranlagungen,* während die rechte *erworbene oder weiterentwickelte Fähigkeiten* anzeigt. Schon die geringste Abweichung zwischen den beiden Händen sollte aufmerksam niedergeschrieben und beachtet werden.

Ganz besonders sollten der Verlauf und das Ende der Linie beachtet werden, da ihre Richtung auf die weitere Entwicklung des Verstandes hinweist. Wenn sich zum Beispiel das Ende der Linie auf der linken Hand abwärts neigt, wogegen sie in der rechten Hand gerade verläuft, dann zeigt dies dem Handleser eindeutig, dass der Mensch nicht seiner natürlichen Veranlagung gefolgt ist, sondern sich aus praktischen Gründen den Umständen gebeugt hat und sich Geschäftsmethoden und Kenntnisse angeeignet hat, die den Anforderungen, denen er sich gegenübersah, entsprachen.

Auf diese Weise erhält der Handleser einen unschätzbaren Einblick in das frühere Leben des untersuchten Menschen, besonders wenn die Schicksalslinie in den jüngeren Jahren, wie so oft, nicht sichtbar ist.

Wenn sich dagegen die Kopflinie der rechten Hand an genau derselben oder annähernd derselben Position befindet wie auf der linken Hand, dann kann der Handleser davon ausgehen, dass es in den jungen Jahren wenig oder gar keinen Stress gegeben hat, und dass die Lebensbedingungen des Menschen günstig und leicht waren und es ihm ermöglichten, seinen natürlichen Veranlagungen nachzukommen.

Befindet sich jedoch an der Kopflinie der linken Hand eine Gabelung, d. h., ein Ende biegt sich abwärts und das andere bleibt mehr oder weniger gerade, während die rechte Hand nur die gerade Linie zeigt, kann der Handleser daran erkennen, dass der Mensch von seinen Eltern zwei verschiedene Veranlagungen geerbt hat, die phantasievolle und die praktische, und dass er sich dazu entschlossen hat, letztere weiterzuentwickeln, entweder im Geschäftsleben oder in der Wissenschaft.

In diesem Fall kann der Handleser sicher sein, dass die Eltern des untersuchten Menschen völlig gegensätzliche Charaktere besaßen. Wenn die Linie der rechten Hand gerade ausgerichtet ist, so ist der Mensch mehr der praktischen Seite zugeneigt.

Übrigens sollte man bedenken, dass Knaben oder Männer in ihren geistigen Eigenschaften mehr ihren Müttern ähneln, wogegen Mädchen oder Frauen mehr nach den geistigen Fähigkeiten ihrer Väter geraten.

Wenn das obere Ende der Gabelung mehr oder weniger gerade an der linken Hand eines Mannes erscheint, so kann der Handleser sicher sein, dass die Mutter des untersuchten Menschen der praktischere Elternteil war. Ist die gleiche Zeichnung an der rechten Hand am deutlichsten, so ist der Mensch mehr den praktischen Veranlagungen seiner Mutter als seines Vaters gefolgt, hat sie weiterentwickelt oder gefördert. Beim Lesen einer Frauenhand gilt das Umgekehrte.

Wenn dagegen die untere Linie auf der rechten Hand mehr entwickelt ist, so hat der Mensch, wenn es sich um einen Mann handelt, seine kreativen oder künstlerischen Veranlagungen der Mutter weiterentwickelt. Bei einem Mädchen oder einer Frau entsprechend *umgekehrt.*

Ist die Kopflinie in der linken Hand schmal oder nur schwach ausgeprägt, in der rechten Hand dagegen stark und deutlich zu sehen, so kann der Handleser sicher sein, dass der untersuchte Mensch von seinen Eltern keine starken geistigen Eigenschaften geerbt hat, sondern seine eigenen Fähigkeiten gepflegt und weiterentwickelt hat.

In diesem Fall hat der Mensch hart an seinen mentalen Fähigkeiten gearbeitet und seine Eltern geistig überflügelt. Dies findet man oft bei sogenannten „self-made" Männern oder Frauen, die ursprünglich keine oder nur wenig Bildung in ihrem früheren Leben oder Elternhaus erfahren haben, aber sich aufgrund ihres angeborenen Wissensdrangs selbst weitergebildet haben. Ein solches Zeichen spricht Bände über die Willenskraft und den Ehrgeiz des untersuchten Menschen.

Wenn dagegen die Kopflinie auf der rechten Hand schmaler und schwächer ausgeprägt ist als auf der linken Hand, so kann der Handleser daraus ablesen, dass der Mensch kaum etwas aus seinen geistigen Fähigkeiten gemacht hat und dass er nicht an den Verstand und die Bildung seiner Eltern heranreicht und auch nie heranreichen wird.

Man kann in diesem Fall also sicher sein, dass der Mensch keine besondere geistige Willenskraft besitzt, auch wenn er sonst recht starrköpfig sein kann, was sich an der ersten Linie oder dem Nagelglied des Daumens feststellen lässt (Seite 92).

Eine schwach ausgeprägte oder nicht vorhandene Kopflinie der rechten Hand weist sowohl bei Männern als auch bei Frauen auf einen Mangel an Ehrgeiz hin – es gibt keinen Ehrgeiz, wenn das Fehlen von geistigen Bedürfnissen und Entwicklungen so deutlich zu sehen ist.

Eine sauber geschnittene Kopflinie ist ein deutlicheres Zeichen für den Geisteszustand als eine breite oder nur auf der Oberfläche liegende Linie.

Eine breite Linie weist auf wenig Konzentrationsvermögen und schwankenden Charakter hin. Diese Regel trifft übrigens auf alle Handlinien zu.

Breite, grob wirkende Linien sind eher ein Hinweis auf den körperlichen Zustand des Menschen als auf seine geistigen Fähigkeiten. Man findet sie häufig bei Menschen, die ein hartes Leben im Freien führen und deren körperliche Fähigkeiten stärker entwickelt sein müssen als ihre geistigen.

Ausgeprägte Kopfarbeiter haben dagegen normalerweise dünne, feine und sauber aussehende Linien, was besonders auf die Kopflinie zutrifft.

So kann der Handleser aufgrund seiner Beobachtungen erkennen, welches Leben der untersuchte Mensch geführt hat. Ganz egal wie intellektuell ein Mann oder eine Frau aussehen mag, die Handlinien beweisen, ob und wie weit er seine intellektuellen Fähigkeiten entwickelt hat. Auf diese Weise ist die Beobachtung genauer als die Untersuchung des Gesichtes. Viele Männer und Frauen haben vielleicht ein hübsches, intellektuelles Gesicht und bevorzugen trotzdem Sport und das Leben im Freien gegenüber geistigen Interessen und Beschäftigungen.

Nachdem die Richtung und das Ende der Kopflinie untersucht wurden, sollte der Handleser sich mit der Bedeutung des Anfangs dieser Linie beschäftigen. Die Kopflinie kann zum Beispiel an drei verschiedenen Positionen beginnen.

(1) Innerhalb der Lebenslinie (1-1, Abb. I)

(2) Gemeinsam mit der Lebenslinie(2-2, Abb. I)

(3) Außerhalb der Lebenslinie (3-3, Abb. I)

Die erste Position ist die unsicherste von allen. Sie weist auf einen übersensiblen, übervorsichtigen und schüchternen Menschen hin. Einen Menschen, der extrem nervös ist, leicht zu erregen, der wenig Kontrolle über sich selbst und seine Stimmungen hat, der sich schnell über Kleinigkeiten aufregt und dazu neigt, unberechenbar zu reagieren oder völlig abzuheben, wenn ihn etwas irritiert. Diese Menschen sind ständig in Schwierigkeiten und streiten oder zanken sich mit ihren Vorgesetzten über Dinge, die völlig belanglos sind. Außerdem sind sie dermaßen empfindlich, dass sie schon ein Blick oder eine eingebildete Kränkung tagelang in schlechte Stimmung oder Kummer versetzen kann.

Wenn die Kopflinie weiter oben auf der Hand gerade wird, so weist dies darauf hin, dass der Mensch in seinem späteren Leben seine Überempfindlichkeit durch seine Intelligenz überwinden wird. Wenn sich die Linie dagegen krümmt oder abwärts in Richtung Handgelenk oder Mondberg (Berg der Fantasie) zeigt, so wird seine Überempfindlichkeit im Laufe der Jahre noch zunehmen. Ist die Kopflinie außerdem schwach ausgeprägt oder gehen „Haarlinien" von ihr ab, so ist dies häufig ein Anzeichen für eine Geisteskrankheit, die den Menschen in seinem späteren Leben behindert.

Wenn der Handleser in diesem Zusammenhang noch feststellt, dass alle aufwärts zeigenden wichtigen Linien, wie zum Beispiel die Schicksalslinie, nach der Mitte der Handfläche verblassen, so ist dies ein weiterer sicherer Hinweis auf eine Geisteskrankheit.

Diese Art von Kopflinie findet man besonders bei Menschen, die zum Trinken und zu Maßlosigkeit jeder Art neigen.

Selbst in Fällen, wo positive Linien auf der Hand aufwärts verlaufen, stellt man normalerweise fest, dass diese Menschen gelegentlich ihrer Maßlosigkeit und Drogensucht nachgeben. Die Eigenschaften des feurigen Marsberges, an dem eine solche Kopflinie innerhalb der Lebenslinie beginnt, ist hauptsächlich der Grund für diese Besonderheit. Der gegenüberliegende Marsberg auf der Hand (Seite 101, Tafel VI., Teil II) weist dagegen auf geistige Kontrolle hin, und selbst wenn die Kopflinie gerade durch die Handfläche verläuft, so nimmt sie doch die Eigenschaften des „geistigen Mars" auf und wird in späteren Jahren zu einer besseren geistigen Kontrolle führen. Die gekrümmte Kopflinie dagegen weist darauf hin, dass der Mensch sich in seinen späteren Jahren von der geistigen Kontrolle abwendet und sich von seinen früheren Neigungen überwältigen lässt.

Allein diese Tatsache ist es wert, von allen Eltern in Betracht gezogen zu werden, und wenn sie sich danach richten würden, könnten sie ihren Kinder sehr bei der Entwicklung der geistigen Selbstkontrolle helfen. Die entsprechenden Abbildungen zeigen diese Ausprägung der Kopflinie in allen Varianten.

Die mit der Lebenslinie verbundene Kopflinie

Diese Position der Linie weist in allen Fällen auf eine sehr sensible Veranlagung hin, die zu Vorsicht und mangelndem Selbstbewusstsein neigt (2-2, Abb. I). Selbst die intelligentesten Menschen mit diesen Zeichen verschließen sich vor anderen und neigen immer dazu, ihre Fähigkeiten und Talente zu unterschätzen.

Wenn sich die Linie bei gleicher Veranlagung noch etwas abwärts neigt, so ist die Empfindlichkeit sogar noch stärker. Diese Form findet man häufig bei Künstlern, Malern und jenen, die in anderen Lebensbereichen eine sensible künstlerische Veranlagung haben, auch wenn diese nicht weiter gefördert wurde. Wenn dagegen die mit der Lebenslinie verbundene Kopflinie gerade auf der Hand verläuft in Richtung auf den geistigen Marsberg (2-2, Abb. I), haben diese Menschen trotz ihrer extremen Sensibilität doch eine höhere Meinung von sich selbst. Diese Menschen werden nicht als so sensibel angesehen wie jene, deren Linie sich abwärts in Richtung auf den Berg der Fantasie neigt. Je gerader die Kopflinie ist, umso sicherer kann man darauf vertrauen, dass der Mensch seine Vorhaben ausführt, und oft stellt sich heraus, dass diese hochsensiblen und sogar nervösen Menschen entschlossen für Grundsätze oder Rechte kämpfen, wenn sie dies für ihre moralische Pflicht halten. Wenn eine solche Kopflinie jedoch sehr weit über die Hand und direkt auf den geistigen Marsberg verläuft, so weist dies darauf hin, dass es sich um eine extrem willensstarke Persönlichkeit handelt, die die Kraft hat, ihre Sensibilität und Nervosität zu verbergen und alles zu riskieren, was sie für die Erfüllung ihrer Pflicht für notwendig hält.

Der Unterschied bei der Betrachtung der Linien dieser individuell ausgeprägten Persönlichkeiten - nämlich die gemeinsame Kopflinie, gebogen, und die gemeinsame Kopflinie, gerade über die Hand – hat schon häufig bei der Anwendung der Handlesekunst zu großen Fehlern in der Beurteilung von Menschen geführt. Wenn sich die Kopflinie gabelt (3-3, Abb. II), was häufig der Fall ist, und wenn beide Abzweigungen identisch sind, besonders in Fällen, in denen die mit der Lebenslinie verbundene Kopflinie auf eine sensible Veranlagung hinweist, so bedeutet diese Gabelung häufig einen Mangel an Entschlossenheit.

Der Mensch neigt dazu, zu sehr zwischen den beiden Ausprägungen seines Verstandes, nämlich der praktischen und der künstlerischen Seite, abzuwägen. Wenn man in solchen Fällen dazu raten soll, welche Entscheidung für diesen Menschen die richtige ist, so ist es immer klug, ihm zu raten, dass er seinem ersten Impuls nachgeben soll, sei es nun der praktische oder der fantasievolle Entschluss. Auf diese Weise nutzt er die intuitiven Fähigkeiten seines Gehirns anstatt zu zaudern und zu schwanken oder zu versuchen, alle Aspekte der beiden Seiten gleichzeitig zu erfassen. Wenn sich die gekrümmte Kopflinie sanft in Richtung Mondberg neigt (1-1, Abb. II), weist dies auf eine deutliche Kontrolle über seine Fantasievorstellungen hin.

Der Handleser weiß somit, dass der Mensch seine Fantasiebegabung nutzt, wenn sie für ihn hilfreich ist, sich aber nicht von ihr überwältigen lässt. Das Gegenteil ist jedoch der Fall, wenn sich die Linie zu stark in Richtung auf diesen Berg neigt (4-4, Abb. II). In diesem Fall ist der Mensch Sklave seiner Vorstellungskraft und unternimmt im Allgemeinen ziellose oder seltsame Dinge bzw. kann nur arbeiten, wenn seine Stimmung entsprechend ist. Diese Menschen erschaffen selten, wenn überhaupt, große Werke in der Welt der Kunst oder der Fantasie, im Gegensatz zu jenen, deren Linie sich lediglich gering in Richtung dieses Berges neigt.

Weist die Kopflinie völlig nach unten und endet in einer Kurve vor dem Mondberg (5-5, Abb. II), so besteht eine Neigung zu extrem morbiden Fantasievorstellungen und einer solchen Übersensibilität, dass sich Menschen mit dieser Linie normalerweise völlig von ihren Mitmenschen absondern und sich entweder ganz zurückziehen und ein Leben als Einsiedler führen oder sich von der Welt verabschieden, indem sie Selbstmord begehen. Letzteres ist dann natürlich normalerweise das Ende ihres Lebens. Ihre extreme Überempfindlichkeit macht ihnen ein Weiterleben praktisch unerträglich. Diese Form der Linie darf jedoch nicht mit der abwärts gebogenen Kopflinie verwechselt werden, die durch den oberen Teil des Bergs verläuft (4-4, Abb. II). In diesem Fall kann sie sogar bis hinunter zum Handgelenk verlaufen und ist kein Anzeichen für Selbstmord, es sei denn, sie hat eine Insel oder einen Stern am Ende der Linie. In allen diesen Fällen ist jedoch eine ungewöhnliche Vorstellungskraft, große Sensibilität und eine Neigung zu Melancholie und Morbidität vorhanden, jedoch ohne Anzeichen dafür, dass der Verstand unter dem Druck zusammenbricht, wie es bei jenen der Fall ist, die zu Selbstmordabsichten neigen.

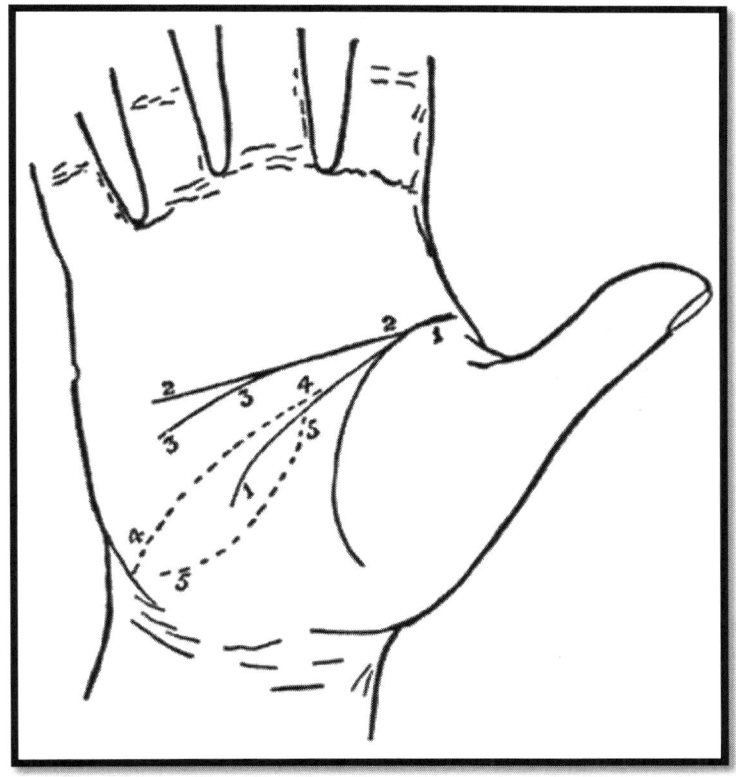

Abbildung II –
Die mit der Lebenslinie verbundene Kopflinie und ihre Enden.

Die von der Lebenslinie getrennte Kopflinie

Die Kopflinie verläuft häufiger gemeinsam mit der Lebenslinie als getrennt von ihr. Ist der Abstand eher gering (3-3, Abb. I), ist dies ein besonders gutes Zeichen, weist auf unabhängige Gedanken, schnelles Urteilsvermögen und einen gewissen geistigen Wagemut hin, der im Überlebenskampf von unschätzbarem Wert ist. Verläuft die Kopflinie gleichzeitig relativ gerade über die Handfläche, so besitzt der Mensch eine große Macht über andere, und diese Eigenschaft zeigt sich besonders dann, wenn der Mensch sich in irgendeiner Form im öffentlichen Leben engagiert. Diese Menschen sind weniger „fleißig lernende Studenten“, wie jene mit der verbundenen Lebens- und Kopflinie, sondern sie besitzen einen derart brillanten Verstand und eine schnelle Auffassungsgabe, dass sie auf einen Blick erkennen, was andere sich mühsam erarbeiten. Aber vor allen Dingen haben diese Menschen mit der „unabhängigen Kopflinie“ ein Ziel im Leben. Ohne Ziel würden sie wie ein Schiff auf einem Meer bei Flaute dahin dümpeln. Sie würden ihr Leben ziellos verbringen, bis „der Ruf“ sie erreicht oder der Ehrgeiz sie dazu bringt, ihren Weg zu ändern und vorwärts zu kommen.

Krümmt sich die gleiche Linie abwärts, dann ist der Mensch eher unentschlossen, da er mehr dazu neigt, nur nach seinen Stimmungen zu arbeiten. Kommt die Stimmung oder der Wunsch nicht auf, dann verschwenden diese Menschen oft ihr ganzes Leben, ohne etwas zu tun, obwohl sie hell und intelligent sind.

Menschen, deren unabhängige Kopflinie leicht aufwärts Richtung Marsberg verläuft (3-3, Abb. III), sind selbsternannte Führer und Organisatoren öffentlicher Bewegungen. Sie opfern alles, ihr Heim, ihre Zuneigung und alle Bindungen für die Aufgabe, die sie übernommen haben, und die sie für ihre Pflicht gegenüber der Öffentlichkeit halten.

Verläuft die Kopflinie von der Lebenslinie getrennt, dann handelt es sich um einen wenig vorsichtigen oder einen unsensiblen Charakter (4-4, Abb. III). Der Mensch ist das ganze Gegenteil von demjenigen, dessen Hand- und Lebenslinie verbunden sind. Ist der Abstand zwischen beiden Linien groß, bedeutet dies Ungestüm und Unstetigkeit bei der Verfolgung seiner Pläne. Ein Mensch, der sich bei jeder Gelegenheit nach vorn drängt, einen starken Drang nach Anerkennung besitzt und ständig seine Pläne für die Welt ändert. Wenn der Abstand zu der Lebenslinie ganz besonders groß ist, dann besitzt der Mensch ein äußerst leicht erregbares Gemüt. Er errötet sehr stark, ist hysterisch, schlaflos und von allen Dingen betroffen, die das Gehirn reizen. Ist die Kopflinie schlecht geformt und besitzt Inseln oder ist sie breit mit Brüchen oder Haarlinien (1-1, Abb. IV), ist dies ein ebensolches Zeichen für Geisteskrankheit als wenn die Kopflinie zum Handgelenk hinunter verläuft, aber sie deutet außerdem auf eine Neigung zum Selbstmord hin.

Diese Kopflinie mit Inseln zeigt einen Charakter, der leicht zu reizen und jähzornig ist und Menschen tötet. Wenn eine Kopflinie nicht allzu weit entfernt ist und entweder einer ihrer Äste oder die Hauptlinie selbst am Jupiterberg beginnt, dann ist dies ein ganz besonders gutes Zeichen (4-4, Abb. III). Der Handleser muss sich diesen Unterschied immer gut vor Augen halten, ebenso wie das Ende der Linie. Wenn er diese Punkte deutlich erkannt hat, hat er den Grundgedanken der Handlesekunst verstanden. Sobald ihm dieser Teil klargeworden ist, hat er eine sichere Grundlage, auf der er weiterarbeiten kann.

Meine nächsten Anmerkungen beziehen sich auf kleinere Zeichen und ihre Bedeutung sowie auf Inseln oder Brüche auf bzw. in der Kopflinie.

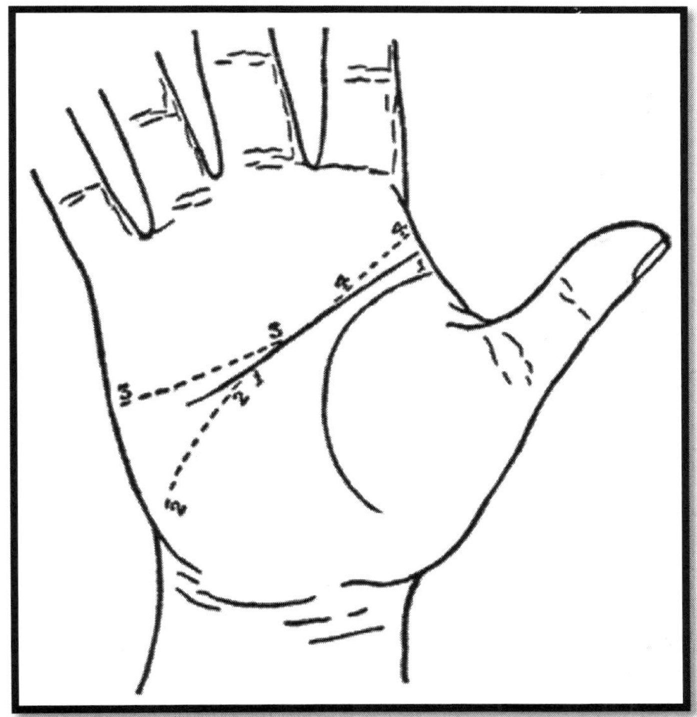

Abbildung III – Die von der Lebenslinie getrennte Kopflinie.

Die Kopflinie und ihre untergeordnete Zeichen

Die sogenannten „Inseln“ auf der Kopflinie sind von großer Bedeutung, insbesondere unter Berücksichtigung des Alters, an dem sie auftreten und des Geisteszustandes.

Als allgemeine Regel muss sich der Handleser vor Augen halten, dass diese Inseln immer eine Schwäche auf der Linie, wo sie auftreten, anzeigen. Sie sind immer als schlechtes Zeichen anzusehen.

Befinden sie sich auf der Kopflinie in einer fortlaufenden Kette (1-1, Abb. IV) über die gesamte Linie, bedeutet dies geistige Schwäche, die jedoch durch schlechte Gesundheit ausgelöst wurde, die den Verstand beeinflusst.

Eine solche geistige Schwäche oder „Geisteskrankheit“ deutet auf Blutleere hin, besonders wenn die Nägel sehr kleine oder gar keine „Monde“ haben, und auf wenig Lebenskraft und Kreislaufprobleme, wodurch das Gehirn nicht genug Blut erhält. Dies hindert den Menschen am dauerhaften Lernen oder schwächt seine Willenskraft, wodurch er zu Fehlentscheidungen neigt.

Befindet sich die Kopflinie außerdem recht hoch auf der Hand, dann ist dies ein noch schlechteres Zeichen, und diese Menschen sind streckenweise „halb verrückt“.

Ist die Kopflinie weit von der Lebenslinie entfernt, dann ist die Inselkette noch bedeutender und schwerer zu heilen. Diese Menschen sind in manchmal geistig derartig erregt, dass sie sich nicht mehr beherrschen können, vom eigentlichen Thema abkommen und verrückte oder unbesonnene Dinge tun und hierbei immer andere Menschen gefährden.

Ist die Kopflinie mit den Inseln dagegen sehr nach unten gekrümmt (2-2, Abb. IV), dann hat der Betroffene Anfälle von Depression und Melancholie, kapselt sich von anderen Menschen ab oder neigt zu Selbstmordabsichten. „Selbstmord während eines Anfalls von Geisteskrankheit“ lautet dann das Urteil der Jury.

Ein wichtiger Aspekt bei der Betrachtung der Inseln auf der Kopflinie ist ihre Lage auf der Linie selbst oder unter welchem Finger sie erscheinen. Befinden sich diese Inseln am Anfang der Linie unter dem Zeigefinger oder Jupitermond (3, Abb. IV), bedeutet dies, dass der Mensch in seinen jungen Jahren geistige Probleme hatte und keine Willenskraft gezeigt hat; keinen Wunsch zu lernen, lustlos und ohne Ehrgeiz.

Unter dem Mittelfinger, oder Saturnberg (4, Abb. IV), neigt der Mensch zu starken Kopfschmerzen, Krankhaftigkeit, Melancholie und Entzündungen im unteren Bereich des Kopfes.

Sieht die Linie schwach aus oder gehen kleine Haarlinien von ihr ab, dann wird der Mensch sich niemals ganz von seiner Krankheit erholen.

Unter dem Ringfinger oder Sonnenberg (5, Abb. IV) weist die Insel auf die Besonderheit hin, dass der Mensch schwache Augen hat und kurzsichtig ist. Sind mehrere Inseln zu sehen, dann besteht die Gefahr der Erblindung oder großer Sehschwäche.

Inseln unter dem kleinen Finger, dem Merkurberg (6, Abb. IV), und am Ende der Kopflinie zeigen eine Geistesschwäche im Alter und eine sehr nervöse und sich sorgende Verfassung an. Sind sie sehr ausgeprägt, dann wird der Mensch in seinem späteren Leben eine Geisteskrankheit bekommen, die oft auf seiner sich ständig sorgenden Verfassung und der Überanstrengung seiner geistigen Fähigkeiten ausgelöst wird. Man sieht, dass jeder Teil dieser bemerkenswerten Linie in einzelne Abschnitte unterteilt werden kann, wodurch man wunderbare Einzelheiten für die Zukunftsvorhersage erhält.

Die Linie kann weiter aufgeteilt werden, so dass man mit beachtlicher Genauigkeit das Alter bestimmen kann, an dem die Probleme oder Veränderungen des Geisteszustandes erwartet werden können.

Unter dem Zeigefinger beginnt dieser Geisteszustand mit 21 Jahren, unter dem Mittelfinger dauert sie die nächsten drei mal sieben Jahre, bis er 42 Jahre alt ist; der dritte Zeitraum von drei mal sieben Jahren befindet sich unter dem Ringfinger und zeigt den Abschnitt vom 49. bis 63. Jahr, und der vierte Abschnitt, der zum Rand der Hand bzw. unter dem kleinen Finger verläuft, steht für den Zeitraum ab 70 Jahre bis zum Ende.

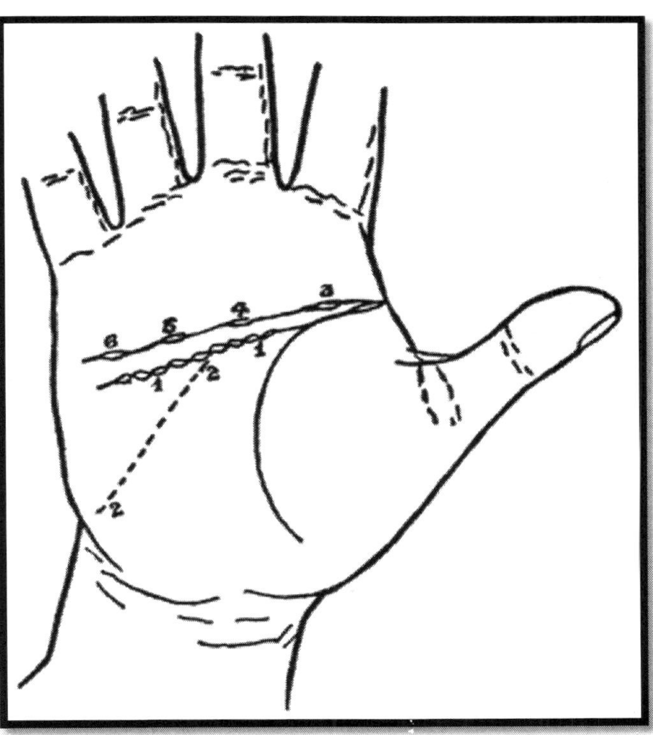

Abbildung IV – Inseln auf der Kopflinie.

Veränderungen an der Kopflinie

Ein weiterer interessanter Aspekt bei der Untersuchung der Kopflinie sind die Veränderungen ihrer Lage, oder kleinerer Linien, die entweder von ihr abwärts verlaufen oder aufsteigen, wodurch man sehr bemerkenswerte Informationen erhalten kann: Wenn zum Beispiel eine abwärts verlaufende Kopflinie sich an irgendeinem Punkt leicht nach oben biegt (1.1, Abb. V), dann wir der Mensch zu diesem Zeitpunkt besonders starken Belastungen ausgesetzt werden. Ist diese gebogene Linie deutlich zu sehen und besitzt keine Flecken, dann wird der Mensch über sich herauswachsen und obwohl er keine praktische Veranlagung hat, einen praktischen und geschäftsmäßigen Sinn entwickeln, auch wenn dies eigentlich seiner natürlichen Neigung widerspricht.

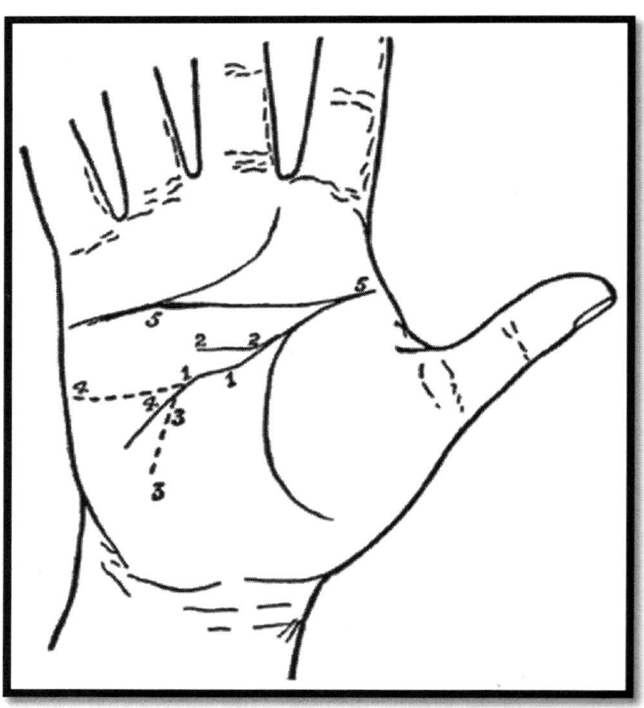

Abbildung V – Weitere Varianten der Kopflinie.

Wenn dagegen anstelle einer Krümmung der Kopflinie eine schmale Linie von ihr aufwärts verläuft, dann hat dieser Lebensabschnitt einen dauerhaften Einfluss auf den Charakter des Menschen, der den Rest seines Lebens anhält. In manchen Fällen werden diese dünnen Linien nach einigen Jahren stärker und können zu einer Art zweiter Kopflinie werden. Das bedeutet, dass der Mensch die praktische Seite seines Wesens, die zum damaligen Zeitpunkt geweckt wurde, weiterentwickelt hat.

Wenn man eine gerade Kopflinie betrachtet und dabei eine Abwärtskrümmung oder eine schmale abwärts verlaufende Linie bemerkt (Abb. V), ist die Schlussfolgerung aus einem solchen Zeichen, dass der Mensch zu dem Zeitpunkt nicht mehr so praktisch veranlagt war sondern eher seine kreativen Geistesfähigkeiten entwickelt hat. In diesem Fall stellt sich seltsamerweise häufig heraus, dass der Mensch reicher oder wohlhabender wird, weil er die künstlerische Seite seines Wesens weiterentwickeln konnte. Logischerweise muss man annehmen, dass der Druck, seine praktische Seite einzusetzen, zu diesem Zeitpunkt geringer geworden ist. Aber nur, wenn die Sonnenlinie (Abb. XV) deutlich zu erkennen ist oder plötzlich auf der Hand erscheint, kann der Handleser sicher sein, dass zu diesem Zeitpunkt eine größere Entspannung und Erleichterung im Leben des Menschen eingetreten ist, die es ihm ermöglichte, seiner kreativen Veranlagung zu folgen.

Wenn sich die Kopflinie aufwärts krümmt, besonders zum Ende des kleinen Fingers oder zum Merkurberges (4-4, Abb. V), dann kann man mit Sicherheit davon ausgehen, dass sein Verlangen nach Geld und Besitztümern mit den Jahren immer stärker wird.

Verlässt die Kopflinie ihre normale Position, was man im Vergleich mit der linken Hand feststellen kann, und verläuft zu der Herzlinie, dann entwickelt der Mensch eine enorme Zielstrebigkeit bei der Durchsetzung seiner Vorhaben. Er wird freiwillig die Gefühlsseite seines Charakters durch seine Willenskraft unterdrücken und wird an nichts hängen, um seinen Wunsch, welcher Art auch immer, zu verwirklichen. Befindet sich dieses Zeichen auf einer eckigen, dick wirkenden Hand, dann kann man davon ausgehen, dass der Mensch materielle Wünsche wie Reichtum besitzt und vor nichts zurückschreckt, auch nicht vor Verbrechen, um sein Ziel zu erreichen. Befindet sich dieses Zeichen dagegen auf einer länglichen Hand, dann besteht der Ehrgeiz des Menschen darin, intellektuelle Macht über andere zu erreichen, und er ist fest entschlossen, sein Ziel zu erreichen, welcher Art der Zweck dieser Karriere auch sein mag.

Dieses Zeichen darf nicht mit einer deutlichen Linie verwechselt werden, die quer über die Hand von einer Seite zur anderen verläuft (Abb. VI), denn in diesem Fall hat sich die Kopflinie nicht aus ihrer eigentlichen Position erhoben, sondern zeigt lediglich einen besonders intensiven Charakter an, sei es zum Guten oder zum Schlechten. Dieser Mensch hat eine große Konzentrationskraft, und wenn er sich geistig auf ein bestimmtes Ziel konzentriert, dann bringt er auch sein Herz mit ein. Wenn er sein Herz oder seine Zuneigung einem Menschen schenkt, dann setzt er hierfür auch seine geistige Konzentrationskraft ein. Es scheint, dass diese beiden Seiten des Menschen, seine gefühlsbetonte und seine mentale, auf irgendeine Weise miteinander verbunden sind. Solche Menschen besitzen immer eine große Intensität bei der Durchführung ihrer Vorhaben, aber nach meiner Erfahrung ist dieses Zeichen kein besonders glückliches.

Zum einen gibt es einen Mensch mit diesem Charakter so selten im Leben, dass er kaum Freunde hat und sich deshalb äußerst einsam und isoliert fühlt.

Er ist außerdem in jeder Hinsicht übersensibel und verletzlich in seinen Gefühlen. Nach meiner Erfahrung sind diese Menschen selten erfolgreich, außer wenn sie allein agieren, aber mit Geschäftspartnern usw. fühlen sie sich in ihrer Persönlichkeit eingeschränkt, und eine solche Partnerschaft verläuft selten glücklich.

Der Handleser muss unter diesem Aspekt aufmerksam beachten, ob diese Linie, die quer über die Hand verläuft, dort liegt, wo sie normalerweise liegen sollte oder ob sie höher verläuft, Richtung Finger, wo sich normalerweise die Herzlinie befindet. Ist Ersteres der Fall, dann kann man sicher sein, dass der Mensch sehr kopf- und verstandesbedingt handelt und wenig Herz im Spiel ist; ist jedoch Letzteres der Fall, dann sind ist die Neigung zu Gefühlen und Zuneigung stärker als die Reaktionen des Verstandes.

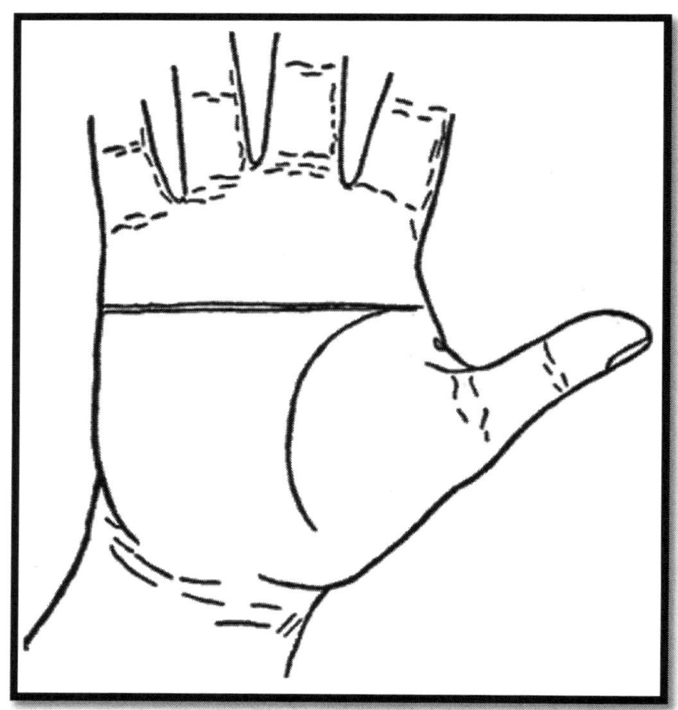

Abbildung VI –
Die gemeinsam mit der Herzlinie verlaufende Kopflinie.

Mit der Kopflinie verbundene Kreuze und Vierecke

Kleine, scharf ausgeprägte Kreuze, die an irgendeiner Stelle die Kopflinie berühren oder knapp darüber liegen, sind im allgemeinen ein Zeichen für Verletzungen und Unfälle die mit dem Kopf verbunden sind.

Unter Jupiter (1, Abb. VII) werden sie normalerweise durch Schläge verursacht, hervorgerufen durch die Veranlagung des Menschen, herrisch oder zu dogmatisch oder tyrannisch zu sein.

Unter Saturn (2, Abb. VII) bedeuten Kreuze Verletzungen durch Unfälle mit Tieren, Schläge durch Verrat, Bergwerksunglücke und generell Verletzungen, die in irgendeiner Form mit Verrat zu tun haben.

Unter dem Sonnenberg (3, Abb. VII) bedeuten die Kreuze Unfälle durch plötzliche Stürze, wobei der Mensch mit dem Kopf aufschlägt, Gehirnerschütterungen usw.

Unter dem Merkurberg (4, Abb. VII) bedeuten die scharf gezeichneten Kreuze Kopfverletzungen durch Unfälle bei wissenschaftlichen Experimenten oder gefährlichen Geschäften.

Kleine deutliche Vierecke, die die Kopflinie berühren (5, Abb. VII) sind immer ein Zeichen für einen Schutz, der mit den Eigenschaften des jeweiligen Berges, unter dem sie sich befinden, zusammenhängt (Siehe Kapitel über Berge, (Seite 101).

Doppelte Kopflinien

Doppelte Kopflinien (6-6, Abb. VII) sind genauso selten wie eine einzelne Linie, die quer über die Hand verläuft. Wenn die doppelte Kopflinie klar zu sehen ist und beide Linien deutlich getrennt verlaufen, dann besitzt der Mensch zwei verschiedene Persönlichkeiten. Er ist meistens zu enormer geistiger Arbeit fähig und gehört zu den Menschen, die zwei unterschiedliche Leben gleichzeitig und mit Erfolg führen können. Eine der beiden Linien berührt häufig die Lebenslinie, während die andere sich vom Jupiterberg erhebt. Ist dies der Fall, dann ist die eine Seite des Menschen extrem sensibel und vorsichtig, während die andere selbstbewusst ist und den starken Wunsch nach Herrschaft und der Durchsetzung seiner Ideen besitzt.

Obwohl die doppelte Kopflinie immer auf große geistige Fähigkeiten hinweist, hat sich nach meiner Erfahrung herausgestellt, dass es eher ein erfolgreiches Zeichen ist, wenn eine einzige deutlich ausgeprägte Kopflinie zu sehen ist als zwei, unabhängig davon, an welcher Stelle sie sich befinden.

Eine andere Form der doppelten Kopflinie (7-7, Abb. VII) ist jene, bei der sich die Hauptlinie in der Mitte der Hand zu teilen scheint, wobei ein Ast quer über die Hand verläuft, während der andere sich Richtung Mondberg krümmt.

Auch in diesem Fall haben wir es mit einer gespaltene Persönlichkeit zutun, aber mit einer mehr verstandesbetonten wogegen die beiden deutlich nebeneinander her verlaufenden Linien bedeuten, dass die beiden verschiedenen Persönlichkeiten separat voneinander zu handeln scheinen. Von vielen alten Kennern der Handlesekunst wurde angenommen, dass die doppelte Kopflinie, wenn sie sehr ausgeprägt ist, ein Hinweis darauf ist, dass der Mensch großen Reichtum oder Macht ererbt. Ich habe jedoch herausgefunden, dass er zwar sehr wohlhabend oder mächtig sein wird, aber dies jedoch aufgrund seiner geistigen Fähigkeiten und nicht durch seine Geburt.

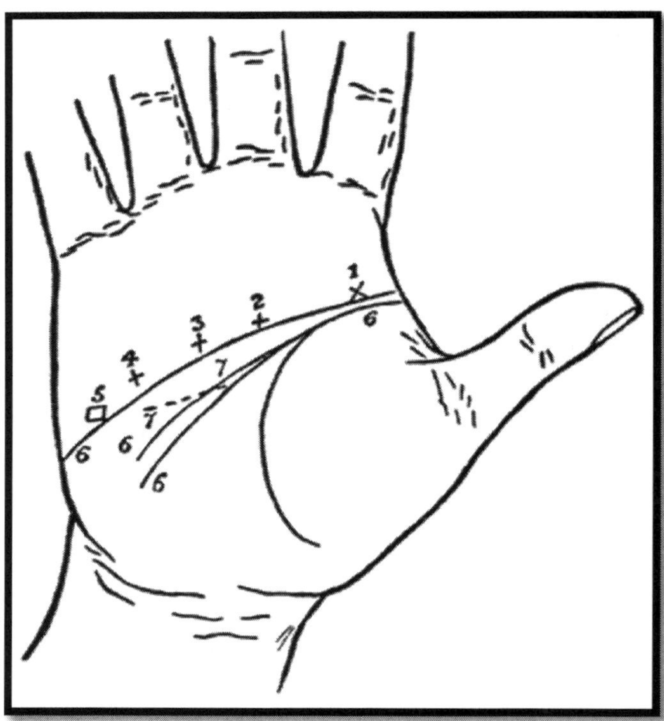

Abbildung VII – Doppelte Handlinien; Kreuze und Vierecke.

Die Kopflinie auf den sieben verschiedenen Handtypen

Es gibt sieben typische Handformen, die auf ihre Weise mehr oder weniger den sieben Charakteren der Menschen entsprechen (Seite 84).

Diese sind wie folgt:

– Der primitive Typ bzw. die einfachste Art.
– Die quadratische bzw. die nützliche oder praktische Hand.
– Die spatelförmige oder aktive Hand.
– Die philosophische Hand.
– Die konische oder künstlerische Hand.
– Die psychische oder idealistische Hand.

– Die gemischte Hand.

Prinzipiell verläuft die Kopflinie in Übereinstimmung mit der Handform des Menschen. Verläuft sie gerade, so bedeutet sie Besonnenheit auf einer eckigen aussehenden oder praktischen Hand. Verläuft sie abwärts, weist sie eher auf kreative Fähigkeiten der philosophischen, konischen oder psychischen Typen hin.

Verläuft die Kopflinie untypisch für die entsprechende Hand, so ist der Linie umso größere Bedeutung beizumessen.

Wenn zum Beispiel die Geisteslinie auf einer eckigen oder praktischen Hand abwärts verläuft, bedeutet dies, dass zwar die Grundveranlagung des Menschen von praktischer Art ist, er jedoch mehr Vorstellungskraft besitzt als der oberflächliche Beobachter erwarten würde.

Verläuft die Kopflinie jedoch gerade auf einer spatelförmigen Hand, die auf den philosophischen und psychischen Typ hinweist, dann zeigt dies, dass der Mensch besonnen und praktisch ist, selbst in seinen fantastischsten philosophischen Träumen und idealistischen Vorstellungen.

Auf der primitiven Hand ist die Kopflinie normalerweise kurz, gerade und grob; oft nicht mehr als eine kurze und tiefe Rille. Wenn sie dagegen lang und deutlich ist, weist dies auf eine höhere geistige Entwicklung eines groben, brutalen und animalischen Charakters hin.

Krümmt sich die Kopflinie auf einer eckigen Hand abwärts anstelle lang und gerade zu sein, bedeutet dies eine ausgeprägte künstlerische und fantasiebegabte Veranlagung, aber immer unterstützt von einem praktischen und logischen Verhalten.

Auf der spatelförmigen Hand ist die Kopflinie normalerweise lang, deutlich und gebogen. Ist sie dagegen gerade, so bedeutet dies eine praktischere Entwicklung des Verstandes, der versucht, die aktive Energie und Eigenständigkeit der spateligen Form zu unterstützen.

Bei dem philosophischen Charakter, dem Denker, verläuft die Verstandeslinie meist lang und gebogen. Ist sie jedoch gerade, so bedeutet dies eine geistige Entwicklung der logischen und praktischen Eigenschaften, was man bei einem Menschen dieser Art eigentlich nicht erwartet.

Das gleiche gilt für den konischen und den psychischen Charakter; aber bei dem sogenannten gemischten Typ ist die Kopflinie idealerweise lang und gerade, denn als eine Mischung aus allen anderen braucht dieser Mensch eine praktische und besonnene Veranlagung, um sich bei der Vielzahl der unterschiedlichen Charaktere, die in ihm vereint sind, zu behaupten.

Kapitel III – Die Lebenslinie und ihre Varianten

Die Lebenslinie verläuft unten um den Daumen herum und liegt direkt über einer großen Ader, genannt großer Handflächenbogen (1-1, Abb. VIII). Diese Ader ist direkt mit dem Herzen, dem Magen und wichtigen Organen verbunden und trägt deshalb auch den Namen „die Lebensader“, den unsere Vorfahren ihr gegeben haben.

Man kann also davon ausgehen, dass es eine enge Verbindung mit den lebenswichtigen Organen gibt, und dass man daran die Lebensdauer aufgrund *biologischer Ursachen* erkennen kann.

Wenn der Handleser dies berücksichtigt, dann wird er viele Schwierigkeiten klar und deutlich verstehen, die bei der Vorhersage zu Gesundheit und Krankheit auftreten können, und er kann den nachfolgenden Erläuterungen besser folgen. Die erste Regel ist, dass die Lebenslinie lang, deutlich und ohne Unregelmäßigkeiten oder Brüche sein sollte. Eine solche Linie bedeutet langes Leben, Vitalität, keine Krankheiten und eine gute körperliche Verfassung (1,-1, Abb. VIII).

Wenn man dies berücksichtigt, kann man sagen, dass Magen und Verdauung in Ordnung sein müssen, da die Lebenslinie den Magen und lebenswichtige Organe verkörpert.

Ist die Linie zerstückelt oder besitzt sie Kettenglieder, dann ist dies ein sicheres Zeichen für Gesundheitsprobleme, einen schwachen Magen und Mangel an Lebenskraft.

An dieser Stelle muss ich dich bitten, die nachfolgenden Regeln sorgfältig zu beachten – Regeln, die

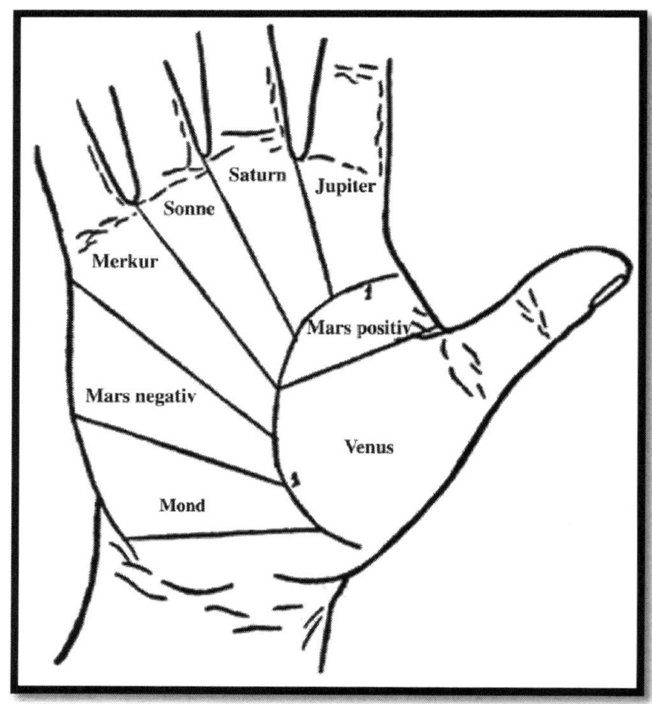

Abbildung VIII –
Einflussbereiche der Berge auf die Lebenslinie.

kein anderes Buch zu diesem Thema enthält, und die ich bisher in keinem anderen meiner Bücher erwähnt habe, nämlich: Da die Lebenslinie in jeder Hinsicht den Körper des Menschen auf der Hand darstellt, zeigen ihre Brüche, Zeichen, Verbindungen oder Inseln den jeweiligen Teil des Körpers an, der am meisten betroffen ist.

Bevor ich dies weiter vertiefe, möchte ich den Leser darauf hinweisen, sich vor Augen zu halten, dass jede Linie und jedes Zeichen auf der Hand eine doppelte Rolle spielt. Die eine Linie zeigt an, welche Krankheiten der Mensch im Laufe seines gesamten Lebens am wahrscheinlichsten bekommen wird, während die andere das Datum anzeigt, wann die Krankheit ihren schlimmsten Höhepunkt erreicht.

Um dieses merkwürdige Naturphänomen genauer zu erklären, habe ich die Linie in Abschnitte aufgeteilt (siehe Abb. VIII), und obwohl ich in diesem Buch nicht über Astrologie schreibe, ist es vielleicht doch für ihre Anhänger interessant zu sehen, wie wunderbar diese beiden Wissenschaften übereinstimmen, wenn ein unparteiischer Beobachter, wie ich es bin, dies darstellt.

In Abbildung VIII sind die Abschnitte der Lebenslinie mit ihren jeweiligen Tendenzen in Verbindung mit den Bergen unterhalb der Finger dargestellt. Dies hilft dem Handleser, ihre Bedeutung konkret zu verstehen, und in Kombination mit dem Geburtsdatum, wie es im Kapitel über die Berge der Hand beschrieben ist (Seite 101), kann er so genaue Angaben über Gesundheit, Krankheit und Lebensgefahr machen, wie dies bisher noch nie möglich war.

Wir wollen jetzt die Einzelheiten der Lebenslinie selbst betrachten.

Die Lebenslinie

Es ist sehr wichtig, zuerst das Aussehen dieser sehr bedeutenden Linie zu betrachten. Auf manchen Händen ist sie breit und flach auf der Oberfläche der Hand, auf anderen ist sie tief und schmal. Das Aussehen dieser Linie ist oft sehr irreführend und kann den Handleser täuschen, wenn er sich nicht ausführlich damit befasst hat.

Die breite, flache Lebenslinie verleitet oft den Handleser zu der Vermutung, dass der Mensch eine gesunde, robuste Verfassung hat; aber eine solche Linie ist viel weniger gut als eine klare, dünne und tiefe Linie. Die breite Lebenslinie scheint zu Menschen zu gehören, die robust sind, mit animalischer Kraft, während die zarteren Linien auf Menschen hinzuweisen scheinen, die feinnerviger sind und Willenskraft besitzen. Aber im Krankheitsfall kann der Mensch mit der feinen Linie besser damit umgehen als jener mit der breiten Linie, der nicht die gleiche Widerstandskraft besitzt.

Sehr breite Linien auf der Hand zeigen mehr Muskelstärke als Willenskraft, und ich muss diesen Unterschied immer wieder betonen. Besitzt die Linie

Kettenglieder (1-1, Abb. IX), ist dies ein sicheres Zeichen für schlechte Gesundheit, besonders wenn die Hand weich ist. Die gleichen Zeichen auf einer festen Hand bedeuten dagegen, dass der Mensch eine robuste Gesundheit besitzt.

Weiterhin ist es wichtig zu beachten, ob die Lebenslinie gerade zu der Seite des Venusbergs verläuft und sich ihm annähert (2-2, Abb. IX), oder ob sie eine deutliche Kurve oder einen Halbkreis auf der Handfläche bildet (3-3, Abb. IX). In ersterem Fall besitzt der Mensch eine anfällige Gesundheit und weniger animalische Kräfte. Diese Erklärung wird schnell verständlich, wenn ich noch einmal auf die Tatsache hinweise, dass eine der wichtigsten Adern, die durch den Körper in die Hand verläuft, die große Ader ist, die das Blut durch den Daumen und über die Hand transportiert, fast unterhalb der Lebenslinie. Bei Menschen mit einem schwächeren Gesundheitszustand ist dieser Bogen, den die Ader bildet, enger als bei Menschen mit robuster Gesundheit und einer stärkeren Blutzirkulation. Wenn der Venusberg hoch und breit ist, so legt dies nahe, dass der Mensch eine leidenschaftlichere, animalischere Veranlagung besitzt als wenn der Berg flach und schmal ist.

In diesem Zusammenhang muss ich auf etwas hinweisen: Wenn sich die Kopflinie abwärts krümmt anstatt gerade über die Hand zu verlaufen, als würde sie von den Eigenschaften, die der Venusberg verspricht, angezogen, dann weist dies stärker auf eine fantasiebegabte, romantische Veranlagung und die Neigung, sich zu verlieben, hin, als bei Menschen, deren Kopflinie gerade verläuft, so als würde sie nicht von den Vorzügen des Venusberges angezogen. So kann man sagen, dass sich jede Erkenntnis zum Charakter eines Menschen in der Handlesekunst logisch begründen lässt. Dies hebt die Handlesekunst hoch über den Aberglauben hinaus, für den sie lange Zeit gehalten wurde.

Erhebt sich die Lebenslinie hoch auf der Hand zum Jupiterberg (4-4, Abb. IX), dann besitzt der Mensch mehr Selbstkontrolle und sein Leben wird eher von seinem Ehrgeiz bestimmt. Verläuft die Lebenslinie dagegen tiefer (5-5, Abb. IX), besitzt er weniger Kontrolle über seine Gefühle. In diesem Fall kann man besonders bei jungen Menschen feststellen, dass sie streitsüchtig und ungehorsam sind und wenig Ehrgeiz beim Lernen zeigen.

Aufsteigende Linien

Verlaufen zahlreiche Linien von der Lebenslinie aufwärts, selbst wenn sie nur klein sind, so bedeutet dies ein Leben voller Energie. Der Punkt, an dem diese Linie von der Lebenslinie aufsteigt, kann als das Datum angesehen werden, an dem der Mensch besondere Anstrengungen unternommen hat, um das Ziel, das er zu dem Zeitpunkt vor Augen hatte, zu erreichen. Wenn die Linien zum Jupiterberg aufsteigen (1-1, Abb. X), dann weist dies auf den Ehrgeiz hin, im Leben vorwärts zu kommen, speziell auf eine Weise, die ihm Macht und Gewalt über andere Menschen bringt. Wird eine dieser Linien von der Kopflinie teilweise aufgenommen oder gebremst (2-2, Abb: X), dann bedeutet dies, dass die ursprünglich gut begonnenen Aktivitäten durch Fehleinschätzungen oder Dummheit gebremst oder ganz aufgegeben wurden, sodass das die Angelegenheit nicht erfolgreich beendet werden konnte. Berührt eine dieser Linien die Herzlinie und endet dort, dann zeigt dies, dass Gefühlsdinge dazwischen kommen oder gekommen sind bei den jeweiligen Anstrengungen des Menschen, die sich aus der Richtung der Linie ergeben. Kreuzt eine dieser Linie die Schicksalslinie und verbindet sich mit ihr (3-3, Abb. X), , dann hat dies eine sehr merkwürdige Bedeutung, denn es weist auf zwei wichtige Daten hin . Das erste Datum zeigt sich, wenn diese Linie die Lebenslinie verlässt und zur Schicksalslinie verläuft. Das Datum wird auf der Schicksalslinie abgelesen, direkt gegenüber dem Punkt auf der Lebenslinie, wo die Linie die Lebenslinie verlässt. Dieses Zeichen zeigt an, dass der Mensch in seinem Leben eine große Anstrengung unternommen hat, seinen eigenen Weg zu verfolgen oder sich von den Umständen oder Menschen zu befreien, die ihn umgeben oder behindern.

Wenn sich diese Linie mit der Schicksalslinie verbindet, so ist dies immer ein gutes Zeichen, besonders dann, wenn die Schicksalslinie an oder nach diesem Punkt stärker aussieht.

Das zweite Datum kann man auf der Lebenslinie selbst ablesen. Es bedeutet, dass eine Wiederholung der Umstände stattfindet, die bereits in dem Leben stattgefunden haben. Angenommen zum Beispiel, die kleine Linie würde im Alter von sechsundzwanzig Jahren von der Lebenslinie zur Schicksalslinie laufen, dann würden die gleichen Umstände noch einmal auftreten, wenn der Mensch doppelt so alt ist, nämlich zweiundfünfzig ist. Auf diese Weise kann man beim Lesen der Lebenslinie recht genaue Daten für das Eintreten eines Ereignisses erhalten. Um das Ganze dem Leser genauer zu beschreiben, möchte ich sagen, dass sich der Mensch bei dem ersten Auftreten des Zeichens von seinen Fesseln befreit hat, und dass das Gleiche noch einmal zu einem späteren Zeitpunkt im Leben stattfinden wird, wenn sich der Mensch wiederum von Fesseln befreit und allein in die Welt zieht.

Dieses merkwürdige Zeichen ist oft hilfreich bei Entscheidungen in Heiratsangelegenheiten. Der Mensch wird offensichtlich seine Unabhängigkeit mehr schätzen und seine häuslichen Bindungen lösen, um wieder in die Welt zu ziehen und für sich selbst zu kämpfen, wie er es früher getan hat, als er sich vermutlich aus dem Einflussbereich seiner Eltern gelöst und für sich selbst gesorgt hat.

Wenn die aufsteigende Linie weiter Richtung Saturnberg verläuft, als unabhängige Linie, die sich nicht mit der Schicksalslinie verbindet (6, Abb. X), dann bedeutet dies, dass der Mensch eine Art zweites Leben geführt hat. Es beginnt an dem Zeitpunkt, wenn diese Linie die Lebenslinie verlässt, und ist gegenüber auf der Schicksalslinie abzulesen. Ist es eine gute Linie, dann kann man das zweite Datum weiter unten auf der Lebenslinie ablesen, wo sich das Schicksal zum zweiten Mal zum Guten wendet.

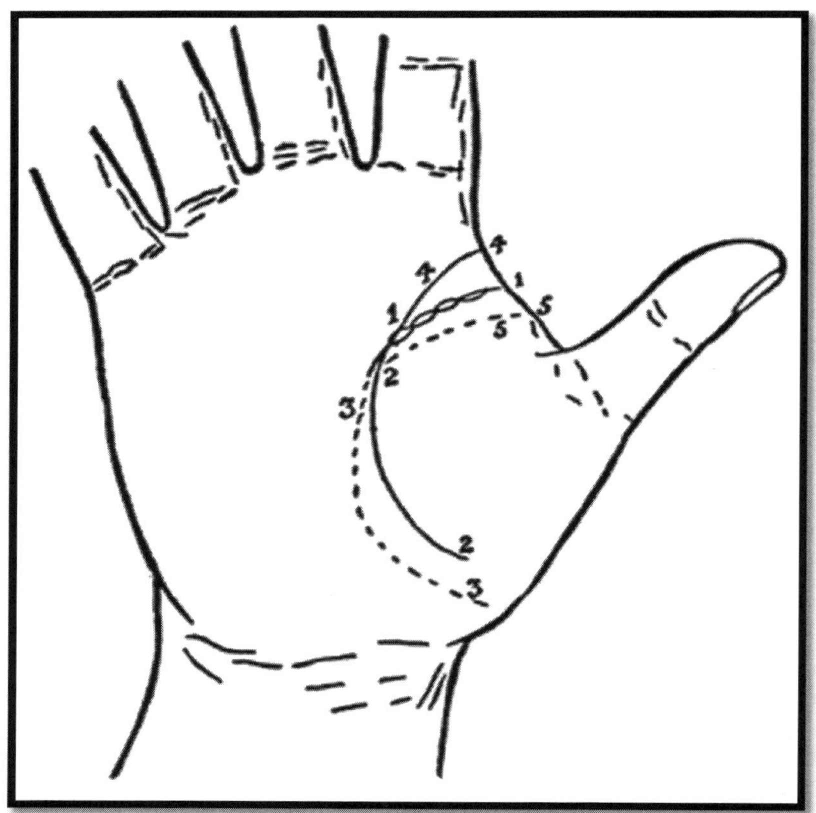

Abbildung IX – Die Lebenslinie und ihre Varianten.

Kapitel IV – Die Marslinie oder innere Lebenslinie

Die sogenannte Marslinie ist die Linie, die nicht auf allen Händen zu finden ist. Sie umrundet den Venusberg innerhalb der Lebenslinie.

Ist diese Linie, die vom Marsberg aufsteigt, von dem sie ihren Namen erhalten hat, klar und deutlich, dann scheint sie die Lebenslinie zu verstärken (4-4, Abb. X). Sie bedeutet große Vitalität und Widerstandskraft gegen Krankheiten und ist nur auf manchen Händen vorhanden.

Es ist ein gutes Zeichen auf den Händen von Soldaten oder anderen Menschen, die gefährlichen Pflichten folgen.

Alle Brüche oder schlechten Zeichen auf der Lebenslinie werden abgeschwächt auf den Händen, die diese innere Lebenslinie oder Marslinie besitzen.

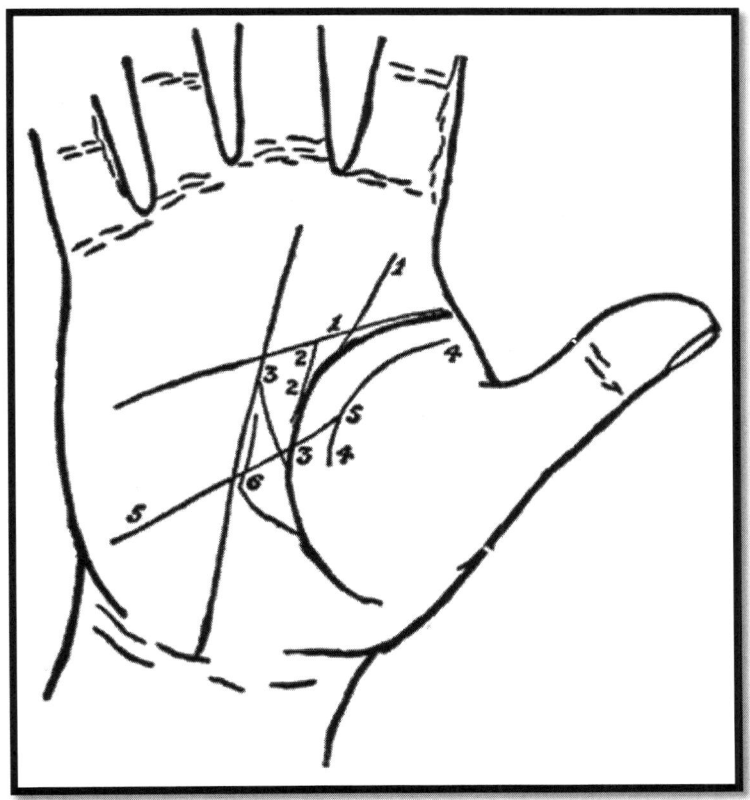

Abbildung X – Die Lebenslinie, die Marslinie und andere Zeichen.

Wie der Name schon suggeriert, handelt es sich um eine robuste, kämpferische Natur, einen Menschen, der dazu neigt, in Gefahren und Streitereien zu geraten. Ist die Linie tief und rot, dann werden Risiken und Unfälle, die auf anderen Bereichen der Hand angezeigt werden, hierdurch noch verstärkt.

Wächst ein Ast aus dieser Linie und läuft über den Mondberg (5-5, Abb. X), dann ist der Mensch rastlos und hat ein starkes Bedürfnis nach Abwechslung. Bei einer schwachen Verstandeslinie bedeutet dies ein sicheres Zeichen für Alkoholismus und Zügellosigkeit aller Art, und der Punkt, an dem sie die Lebenslinie schneidet, zeigt normalerweise den Tod an, der durch die Maßlosigkeit, die dieses Zeichen vorhersagt, verursacht wird.

Man findet dies im allgemeinen auf einer kurzen, dicken und eckigen Hand, auf einer langgestreckten, dünnen und schmalen Handfläche bedeutet es dagegen große Lebenskraft und Widerstandsfähigkeit gegen Krankheiten, außerdem eine nervöse, sehr zartbesaitete und leicht reizbare Veranlagung.

Eine gebrochene Lebenslinie, hinter der sich diese Marslinie befindet, zeigt große Todesgefahr zu dem Zeitpunkt, an dem der Bruch erscheint, an, aber die Gefahr wird durch die Lebenskraft der inneren Lebenslinie oder Marslinie überwunden.

Kapitel V – Die Schicksalslinie

Die Schicksalslinie (1-1, Abb. XI) ist natürlich eine der Hauptlinien der Hand.

Obwohl man wohl niemals wird erklären können, warum dies der Fall ist, so zeigt die Linie doch zweifellos zumindest die wichtigsten Ereignisse im Leben eines Menschen an.

Man findet sie schon direkt nach der Geburt auf der Hand, und sie zeigt dann bereits Ereignisse an, die in viel späterer Zukunft des Menschen stattfinden werden.

Manchmal sieht sie schwach oder verschattet aus, so als wäre der Schicksalsweg noch nicht richtig festgelegt, während man in anderen Fällen fast schon jeden Schritt auf dem Lebensweg mit seinen markanten Punkten, bestehend aus Versagen und Erfolg, Kummer oder Freude, je nach Anlass, ablesen kann.

Dass manche Menschen mehr Kinder des Schicksals sind als andere wird von fast allen großen Denkern anerkannt, aber warum dies so ist, bleibt eine der großen Fragen, die alle jenen verwirrt, die sich damit befassen.

Einige Menschen scheinen überhaupt kein Schicksal zu haben scheinen, und dann gibt es andere, deren Schicksal täglich neu geschmiedet wird.

Ich habe Hunderte von Fällen gesehen, in denen jeder Schritt des Lebensweges von der Kindheit bis zum Grab vorgezeichnet war. Bei anderen waren nur die wichtigsten Veränderungen im Lebenslauf zu erkennen. Dann wiederum gibt es solche, bei denen überhaupt nichts entschieden zu sein scheint, oder sich die Ereignisse von Jahr zu Jahr verändern.

Die Ursache hierfür wird sich wohl niemals ergründen lassen, aber es gibt so viele Mysterien im Leben, dass es auf eines mehr oder weniger nicht ankommt.

Einige der ganz großen Lehrer und Philosophen sind zu dem Schluss gekommen, dass es für alle Menschen ein Schicksal gibt. Im 17. Artikel der Episkopalkirche steht in deutlichen Worten, dass „die Vorbestimmung die immerwährende Absicht Gottes ist."

Überall in der Bibel wird das Schicksal von Ländern und Menschen deutlich aufgezeigt; vom ersten Kapitel der Schöpfungsgeschichte bis zur letzten Seite der Offenbarung wurde das Schicksal der Juden, ihre Prüfungen, ihre Drangsal und ihr Weg schon Jahrhunderte im Voraus prophezeit.

Schon Tausende von Jahren vor der Geburt Christi wurde in der Heiligen Schrift vorausgesagt, auf welche Weise er geboren würde und wie er sterben würde. Es wurde prophezeit, dass eine Jungfrau ihn empfangen würde und ein

Judas ihn betrügen würde, und dass beides notwendig wäre, damit „die Weissagung erfüllt wird."

In neueren Zeiten haben sich Abertausende von Voraussagen bewahrheitet, und alles weist darauf hin, dass irgendeine mysteriöse Kraft hinter der Existenz der Menschheit steckt und das nichts, auch nicht das kleinste Detail, dem blinden Zufall überlassen ist.

Vielleicht ist es so, dass die Seele als Teil der universellen Seele aller Dinge *alles weiß* und deshalb den Verstand als Medium nutzt, um sein Wissen über die Zukunft im Voraus zu verkünden.

Die Geheimnisse des Gehirns sind grenzenlos. Die medizinische Wissenschaft hat in den letzten Jahren bewiesen, dass ein Wachstum oder eine Veränderung der Gehirnzellen um Jahre im Voraus stattfinden muss, bevor die Handlung oder die Veränderung im Charakter des Menschen als Ergebnis einer solchen Entwicklung stattfindet. Soweit wir wissen, ist jede Handlung in unserem Leben das Ergebnis einer solchen Veränderung im Gehirn, und da zahlreiche, extrem sensible Nerven vom Gehirn zur Hand verlaufen, kann man daraus schließen, dass alle Handlungen in unserem Leben schon viele Jahre im Voraus in unserer Hand geschrieben sind.

Es scheint so zu sein, dass alle Lebewesen ein vorbestimmtes Schicksal haben, „das uns formt und grob zurechtstutzt, aber es kommt darauf an, was wir daraus machen."

Ich möchte daher bescheiden vorschlagen, dass jeder von uns mit seinem Wissen herauszufinden versucht, wie sein Schicksal verlaufen wird, so wie der loyale Arbeiter jede Aufgabe annimmt, die ihm aufgetragen wird, und sie nach besten Kräften ausführt und das endgültige Ergebnis dem Meister überlässt, der uns dafür geeignet gehalten hat, uns an seinem Plan mitarbeiten zu lassen.

Derartige Fragen muss der Handleser für sich beantworten, denn sobald er sich mit der Voraussage des Schicksals befasst, wird er von allen Seiten angegriffen und muss bereit sein, eine Antwort zu geben, die seiner Überzeugung entspricht.

Bei der Untersuchung der Hand wird man feststellen, dass die Schicksalslinie an drei verschiedenen Stellen beginnen kann:

Sie kann von der Lebenslinie aufsteigen (2-2, Abb. XI), aufwärts vom Handgelenk (1-1, Abb. XI) vom Mondberg (3-3, Abb. XI) oder aus der Mitte der Handfläche.

Dies sind die Bedeutungen der wichtigsten Positionen:

Die von der Lebenslinie aufsteigende Schicksalslinie

Steigt sie von der Lebenslinie auf (2-2, Abb. XI), dann erzielt der Mensch seinen Erfolg durch persönliche Anstrengungen und Verdienste; die ersten Jahre in einem solchen Schicksal sind zäh und schwierig; die äußeren Umstände und Einflüsse sind in der ersten Zeit ungünstig, und solche Menschen werden von den Wünschen und Plänen ihrer Eltern und Verwandten stark behindert. Verläuft die Schicksalslinie aber deutlich und stark, nachdem sie die Lebenslinie verlassen hat, dann werden diese Schwierigkeiten überwunden, und der Erfolg wird durch persönliche Anstrengungen und Verdienste erreicht und hängt nicht von irgendeinem glücklichen Zufall im Laufe seines Lebens ab.

Ein weiterer erstaunlicher und wichtiger Aspekt ist, dass das Datum oder Jahr, das an der Stelle angezeigt wird, wo die Linie aufsteigt, gleichzeitig das Jahr ist, an dem der Mensch seine Unabhängigkeit erreicht hat oder damit begonnen hat, was er sich für sich selbst vorgenommen hat (Siehe auch am Schluss des Kapitels über die Zeit, Seite 82-83). Dieses Datum ist auf jeden Fall das wichtigste in seinem Lebenslauf (Zur Festlegung von Daten und Jahren siehe Kapitel XIX).

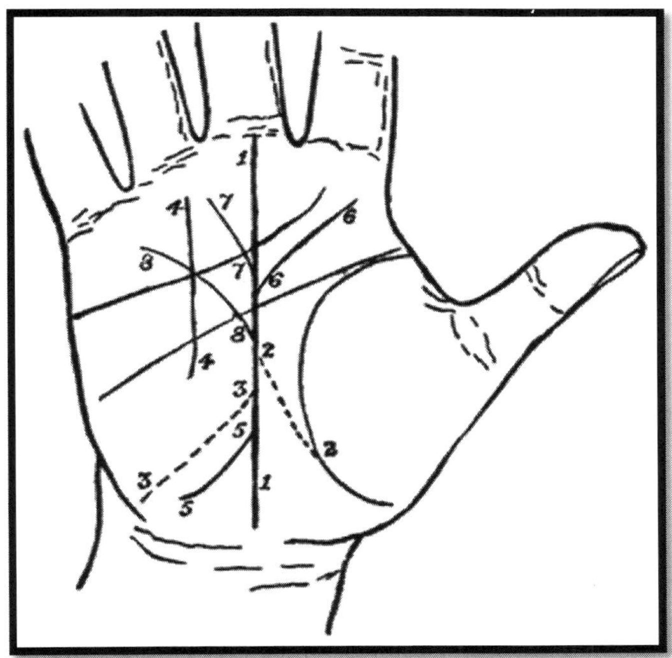

Abbildung XI – Die Schicksalslinie und ihre Abweichungen.

Die vom Handgelenk aufsteigende Schicksalslinie

Steigt die Schicksalslinie vom Handgelenk auf (1-1, Abb. XI) und verläuft gerade über die Hand zum Saturnberg, dann hält das Schicksal Glück, Glanz, Erfolg und Reichtum für den Menschen bereit, vorausgesetzt die Sonnenlinie (4-4, Abb. XI) ist gleichzeitig deutlich ausgeprägt.

Die von Mondberg aufsteigende Schicksalslinie

Steigt die Schicksalslinie vom Mondberg auf (3-3, Abb. XI), dann ist das Schicksal ereignisreich und wechselhaft und hängt weitgehend von den Launen und Vorlieben anderer Menschen ab.

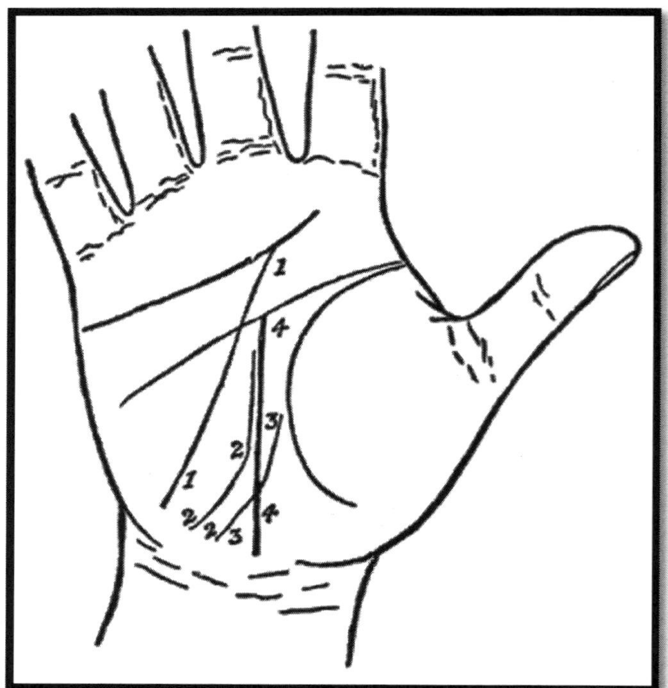

Abbildung XII – Die Schicksalslinie und ihre Varianten.

Verbindet sich die Schicksalslinie mit der Herzlinie (1-1, Abb. XII), dann verspricht sie eine glückliche und erfolgreiche Ehe, in der jedoch Idealismus, Romantik und glückliche Umstände eine Rolle spielen und die sehr von den Launen und Vorlieben des Menschen vom anderen Geschlecht abhängt.

Verläuft die Schicksalslinie gerade, ist aber mit einer Linie vom Mondberg verbunden (5-5, Abb. XI), so bedeutet dies, dass eine andere Person im Schicksal des Menschen helfend eingegriffen hat, und normalerweise ist es ein Zeichen dafür, dass der Einfluss von einem Menschen des anderen Geschlechts kam.

Sollte sich diese Einflusslinie vom Mondberg jedoch nicht mit der Schicksalslinie verbinden (2-2, Abb. XII), dann bedeutet dies, dass die andere Person für sich bleiben und ihr Einfluss nur so lange andauern wird, wie diese Linie neben der Schicksalslinie des untersuchten Menschen entlang läuft.

Wenn diese Einflusslinie die Schicksalslinie schneidet und weiter entfernt Richtung Jupiterberg verläuft (3-3, Abb. XII), dann bedeutet dies, dass die einflussnehmende Person nur aus eigenem Ehrgeiz handelt – dass diese Person den Menschen nur für ihre eigenen Zwecke und Ziele benutzt und ihn aufgeben wird, sowie er für sie nicht weiter von Nutzen ist. Dieses Zeichen sieht man häufiger auf der Hand von Frauen als von Männern.

Wenn die aufsteigende Schicksalslinie Äste besitzt, die zu irgendeinem Berg verlaufen, sei es Jupiter, Sonne oder Merkur, dann ist das Schicksal des Menschen weitgehend mit den Eigenschaften des Berges verbunden, die dieser symbolisiert.

Zum Beispiel: Verläuft eine solche Linie Richtung Jupiter (6-6, XI), bedeutet dies Verantwortung, Macht über andere oder eine hohe Position, die an dem Datum beginnt, an dem der Ast die Schicksalslinie verlässt. Verläuft die Linie weiter und endet am Jupiterberg, dann ist es eines der besten Zeichen für den Erfolg des gewünschten Ziels, das man finden kann.

Steigt der Ast zum Mondberg auf (7-7, Abb. XI), dann geht der Erfolg in Richtung Reichtum und öffentliches Leben, verbunden mit großer Bekanntheit oder Anerkennung; es ist ein wunderbares Zeichen für Erfolg.

Verläuft der Ast zum Merkurberg (8-8, Abb. XI), dann geht der Erfolg mehr in Richtung besonderer Errungenschaften in Wissenschaft oder Wirtschaft.

Steigt die eigentliche Schicksalslinie nicht in ihrer normalen Richtung zum Saturnberg auf, sondern verläuft stattdessen zu irgendeinem anderen Berg, dann werden alle Anstrengungen im Menschen des Leben von den Eigenschaften des jeweiligen Berges beeinflusst. Ein solches Zeichen ist kein so sicheres Zeichen für Erfolg als wenn die Schicksalslinie an ihrem eigentlichen Platz bleibt und Äste von ihr zum jeweiligen Berg verlaufen.

Steigt die Schicksalslinie auf der Hand ohne Äste auf und verläuft wie ein einsamer Pfad zum Saturnberg, dann wird der Mensch wie ein Kind des Schicksals mit Eisen an die Straße der äußeren Umstände gekettet. Es wird ihm nicht möglich sein, den Belastungen des Schicksals zu entgehen oder diese abzuschwächen. Er wird keine Hilfe von anderen Menschen erhalten, und außer Kummer und Tragödien wird er wenig erleben. Eine solche Schicksalslinie, die über die Hand verläuft, kann niemals als „gute Schicksalslinie“ angesehen werden.

Eine wirklich gute Schicksalslinie sollte nicht besonders tief ausgeprägt sein, sondern klar und deutlich, und vor allem muss sie in irgendeiner Weise von der Sonnenlinie begleitet werden.

Verläuft die Schicksalslinie zum Saturnberg und bis an das Ende des Fingers, dann ist dies ein unglückliches Zeichen, denn alles, was der Mensch unternimmt, wird außer Kontrolle geraten, und er wird nicht wissen, wie oder wann er das, was er unternimmt, beenden kann.

Wird die Schicksalslinie von der Herzlinie aufgehalten, dann wird seine Karriere immer durch seine Gefühle, die er schlecht eingesetzt hat, ruiniert.

Verbindet sich dagegen die Schicksalslinie mit der Herzlinie und beide steigen gemeinsam zum Fuß des Jupiterbergs auf (1-1, Abb. XII), dann wird der Mensch durch seine Zuneigung Glück erleben, und Liebe und Gefühl werden ihn dabei unterstützen, seine höchsten Ziele zu erreichen. Er wird auch durch die Freundschaft und Liebe anderer Menschen, denen er begegnet, glücklich und wird von ihrer Unterstützung und Hilfe einen großen Nutzen haben.

Endet die Schicksalslinie an der Kopflinie (4-4, Abb. XII), dann wird die Karriere des Menschen durch seine eigene Dummheit und geistige Beschränktheit zerstört.

Die aus der Mitte der Handfläche aufsteigende Schicksalslinie

Erscheint die Schicksalslinie erst in der Mitte der Handfläche, die auch die Marsebene genannt wird, dann bedeutet dies, dass dem Menschen in seiner Jugend ein schweres Leben bevorsteht und er hart kämpfen muss, um seinen Lebensunterhalt zu verdienen. Steigt die Linie jedoch klar und deutlich aus der Mars eben auf, mit einem Ast Richtung Sonnenberg, dann wird der Mensch seines Glückes Schmied sein und durch seine eigene harte Arbeit und seine Verdienste ohne die Hilfe von anderen Erfolg und Reichtum erlangen.

Erhebt sich die Schicksalslinie von der Kopflinie und ist sie deutlich zu sehen, dann wird der Mensch alles erreichen, aber erst spät im Leben und durch seine eigenen Fähigkeiten.

Verlaufen von der Schicksalslinie ein Ast zum Venusberg und ein weiterer zum Mondberg (1-2, Abb. XIII), dann bedeutet dies Romantik und Leidenschaft, wovon das gesamte Schicksal geprägt wird.

Erhebt sich die eigentliche Schicksalslinie innerhalb der Lebenslinie Richtung Venusberg (2-2, Abb. XIII), dann wird leidenschaftliche Liebe den gesamten Lebenslauf beeinflussen, und ein solcher Mensch richtet seine Liebe üblicherweise auf nicht erreichbare Personen, auf verheiratete oder anderweitig gebundene Menschen, die nicht in der Lage sind, seine Liebe zu erwidern. Dieses Zeichen ist das unglücklichste für die Liebe, das man auf der Hand eines Mannes oder einer Frau finden kann. Hat die Schicksalslinie einen Bruch oder besteht sie als kleinen Stücken, dann ist der Lebensweg voller Probleme und Brüche, und nichts wird lang genug andauern, um sicheren oder kontinuierlichen Erfolg zu bringen.

Ein Bruch in der Schicksalslinie ist jedoch kein schlechtes Zeichen, wenn die eine Linie beginnt, bevor die andere endet; ein solcher Fall bedeutet die völlige Veränderung der Umstände und Stellung. Sieht die neue Linie gut und gerade aus, dann werden die Veränderungen eine Verbesserung der Lage zu dem Zeitpunkt mit sich bringen, an dem die zweite Linie zum ersten Mal erscheint (zu den Daten der Schicksalslinie siehe Kapitel XIX).

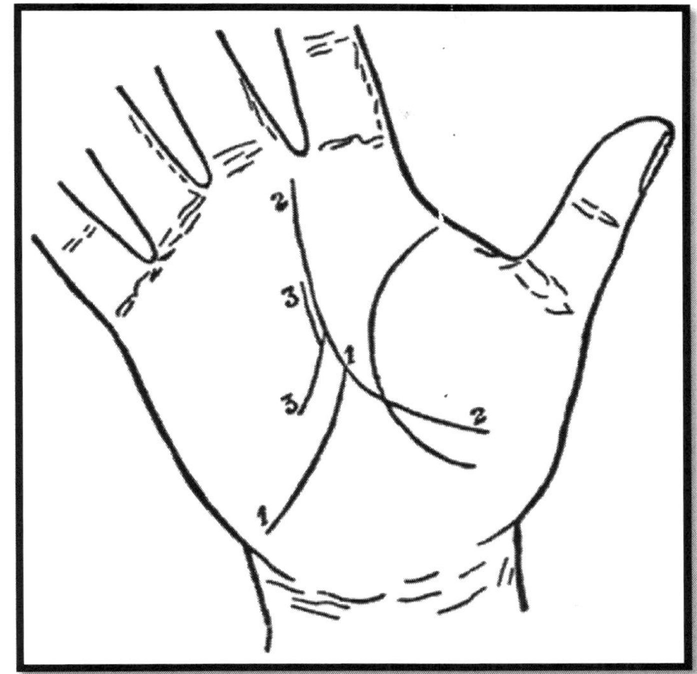

Abbildung XIII – Die Schicksalslinie und ihre Abweichungen.

Einflusslinien

Verbindet sich eine kleine Linie mit der Schicksalslinie und läuft mit ihr gemeinsam weiter, dann bedeutet dieses Zeichen normalerweise eine Heirat zu dem Zeitpunkt, wenn sich die beiden Linien treffen (3-3, Abb. XIII). Wenn sich die beiden Linien dagegen nicht verbinden, wird keine Heirat stattfinden, obwohl Zuneigung und Gefühl vorhanden sind.

Erscheint eine dieser Einflusslinien an der Seite der Schicksalslinie und durchquert diese in Richtung Marsberg, dann bedeutet dies, dass die dadurch angezeigte Zuneigung in Hass umschlagen wird und Verletzungen im Leben des Menschen, auf dem dieses Zeichen vorhanden ist, stattfinden werden (1-1, Abb. XIV).

Doppelte Schicksalslinie

Tritt die Schicksalslinie doppelt auf (2-2, Abb. XIV), dann ist dies ein Zeichen für ein sogenanntes „doppeltes Leben“, und wenn sich die beiden Linien nach einer Weile verbinden oder eins werden, dann wurde dieses „Doppelleben“ durch eine große Zuneigung verursacht, wobei die Umstände jedoch ein gemeinsames Leben verhinderten, aber der Hinderungsgrund wird zu dem Zeitpunkt überwunden, an dem sich die beiden Linien treffen.

Sind die doppelten Schicksalslinien deutlich zu sehen, besonders wenn sie zu verschiedenen Bergen auf der Hand verlaufen, dann bedeutet dieses Zeichen, dass zwei verschiedene Karrieren gleichzeitig stattfinden – eine eventuell als Hobby und eine als Hauptberuf.

Verläuft die Schicksalslinie sehr schwach oder kaum sichtbar über die Handfläche, dann bedeutet dies eine grundsätzliche Ablehnung der Idee, dass das Schicksal vorbestimmt ist. Dies findet man oft auf den Händen sehr materialistisch eingestellter Menschen, die sich gegen den Gedanken auflehnen, dass sie auf irgendeine Weise vom Schicksal oder von irgendwelchen anderen Kräften außer ihren eigenen gelenkt werden.

Ist dies der Fall und ist gleichzeitig eine gute und deutliche Kopflinie zu sehen, dann werden diese Menschen allein durch ihren Verstand Erfolg haben, aber man kann die Einzelheiten seines Schicksals nicht voraussagen und man muss sich damit begnügen, lediglich seine Charaktereigenschaften, Neigungen etc. zu beschreiben.

Ist keine Schicksalslinie vorhanden und nur eine sehr gewöhnliche Kopflinie, dann lässt sich nichts Bestimmtes über das Schicksal voraussagen; solche Menschen führen normalerweise ein farbloses Leben, nichts scheint sie zu berühren und sie zeigen wenig Neigung, die trübe Monotonie ihrer Existenz aufzuhellen.

Eine Insel auf der Schicksalslinie (3, Abb. XIV) ist ein äußerst schlechtes Zeichen.

Liegt sie ganz am Anfang der Schicksalslinie (4, Abb. XIV), dann bedeutet dies etwas Unklares am Anfang des Lebens, zum Beispiel eine uneheliche Geburt.

Eine Insel auf einer Frauenhand, die die Schicksalslinie mit dem Venusberg verbindet, ist ein sicheres Zeichen dafür, dass die Frau verführt wird (5, Abb. XIV).

Eine Insel an irgendeiner Stelle der Marsebene bedeutet eine Zeitspanne mit großen Schwierigkeiten, Karriere- und Geldverlust (3, Abb. XIV).

Eine Insel, die sich gleichzeitig auf der Schicksals- und Kopflinie befindet, bedeutet ebenfalls großen Verlust, aber mehr bedingt durch die Dummheit oder mangelnde Intelligenz des Menschen (3, Abb. XIV).

Eine Insel, die sich gleichzeitig auf der Schicksals- und Herzlinie befindet, bedeutet Verlust und Kummer in Herzens- oder Gefühlsdingen.

Eine Insel auf dem Marsberg oder am Ende der Schicksalslinie (5, Abb. XIV) bedeutet, dass das Leben in Armut und Verzweiflung enden wird (weitere allgemeine Angaben zur Bedeutung der „Inseln“ siehe Kapitel XV).

Endet die Linie plötzlich mit einem Kreuz, dann ist mit Todesfällen zu rechnen, und befindet sich das Kreuz auf der Schicksalslinie und gleichzeitig auf dem Saturnberg, dann wird das Leben in einer schrecklichen Tragödie enden, im allgemeinen mit öffentlicher Verachtung oder öffentlichem Tod.

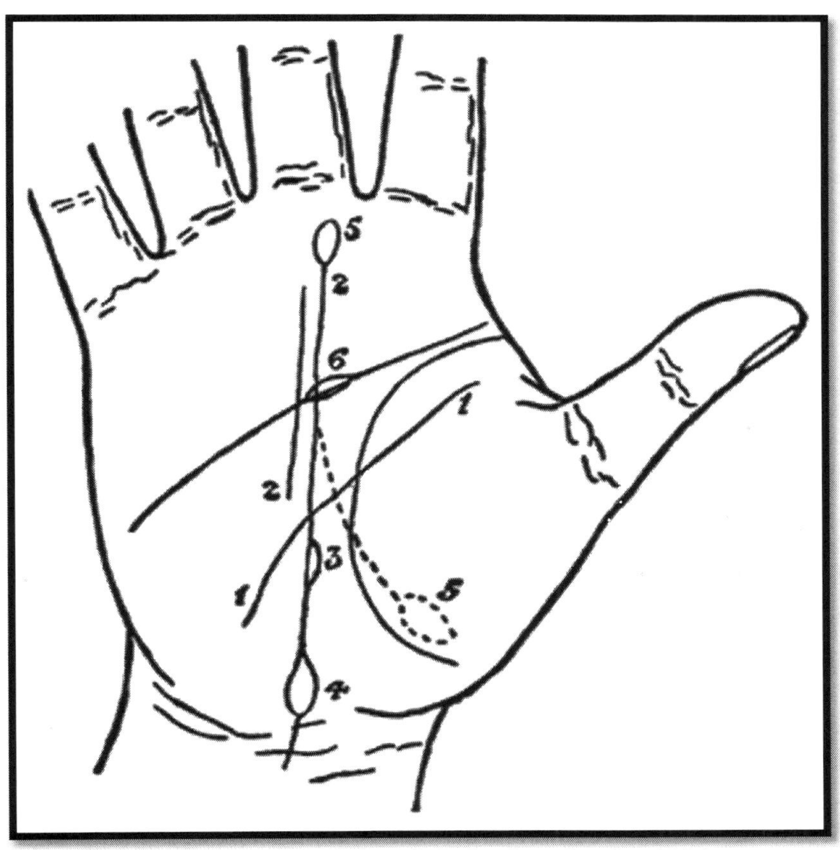

Abbildung XIV – Die Schicksalslinie, Inseln und andere Zeichen.

Kapitel VI – Die Sonnenlinie

Die Sonnenlinie, die auch Erfolgslinie genannt wird (1-1, Abb. XV), ist eine der wichtigsten Linien, die berücksichtigt werden müssen.

Ihre Symbolik hat fast die gleiche Bedeutung wie der Einfluss der Sonne auf die Erde.

Ohne diese Linie verläuft das Leben glücklos, ohne Sonnenschein, und selbst die größten Talente bleiben im Dunkeln und können sich nicht entfalten.

Anfänger der Handlesekunst machen hier oft schwere Fehler, da sie die Linie für eine „gute Schicksalslinie" halten und daraufhin Erfolg und Glück voraussagen, wogegen ich jedoch im vorangegangenen Kapitel erläutert habe, dass eine Schicksalslinie, die nicht von der Sonnenlinie begleitet wird, lediglich ein Leben in Kummer und Dunkelheit bedeutet.

Die Sonnenlinie zeigt das an, was wir im Allgemeinen als „Glück" bezeichnen. Bei einer gut ausgeprägten Sonnenlinie verspricht sogar eine schlechte Kopflinie mehr Erfolg. Das Gleiche ist der Fall bei der Schicksalslinie.

Menschen mit der Sonnenlinie scheinen mehr Anziehungskraft und Einfluss auf andere Menschen zu besitzen. Sie erhalten leichter Anerkennung, Belohnungen, Reichtum und Ehre.

Sie haben auch eine glückliche und heitere Veranlagung, was zu einem großen Teil durch ihren sogenannten Erfolg begründet ist.

Von dem Moment an, wo die Sonnenlinie auf der Hand erscheint, werden die Dinge heller, erfolgreicher und bedeutender. Die Sonnenlinie kann an folgenden Stellen beginnen:

An der Lebenslinie, der Schicksalslinie, auf der Marsebene, dem Mondberg, der Kopflinie und der Herzlinie, oder sie tritt auch nur als kleine Linie auf ihrem eigenen Berg auf.

Erhebt sie sich von der Lebenslinie (2-2, Abb. XV), dann verspricht sie Glück durch die Lebensführung, aber nicht durch „glücklichen Zufall".

Erhebt sie sich von der Schicksalslinie (3-3, Abb. XV), dann ist dies ein sicheres Zeichen für Anerkennung im Leben, die der Mensch durch seine eigenen Anstrengungen erhält.

Steigt sie von der Marsebene auf und ist nicht mit weiteren Linien verbunden, dann wird sich der Erfolg nach überstandenen Schwierigkeiten einstellen.

Steigt sie vom Mondberg auf (4-4, Abb. XV), hängt der Erfolg mehr von den Launen anderer Menschen ab. Er ist wechselhaft und unsicher und verspricht keinesfalls Reichtümer oder eine solide Stellung. Dies ist mehr ein Zeichen für Erfolg durch öffentliche Anerkennung und befindet sich oft auf den Händen von Menschen, die für ihren Lebensunterhalt von der Öffentlichkeit abhängig sind, wie Schauspieler, Sänger und andere öffentliche Personen, wie Künstler, Redner, Kirchenleute usw. Trotzdem ist es für diese Berufe ein besonders glückliches Zeichen, denn es verspricht immer Glück, Glanz und Anerkennung in der Welt.

Erhebt sich die Sonnenlinie von der Kopflinie, so bedeutet dies Erfolg aufgrund geistiger Fähigkeiten und Veranlagungen, aber erst nach der Lebensmitte. Man findet dieses Zeichen auf den Händen von Kopfarbeitern, Studenten verschiedener Studienrichtungen, Schriftstellern, Wissenschaftlern usw.

Erhebt sie sich von der Herzlinie, so kommt der Erfolg erst spät im Leben und ist entweder durch eine Herzensangelegenheit zustande gekommen oder ist von ihr abhängig. In diesem Fall verspricht das Zeichen eine sehr glückliche Ehe in späteren Lebensjahren und letztendlich Ruhe, Glück und materielle Bequemlichkeiten.

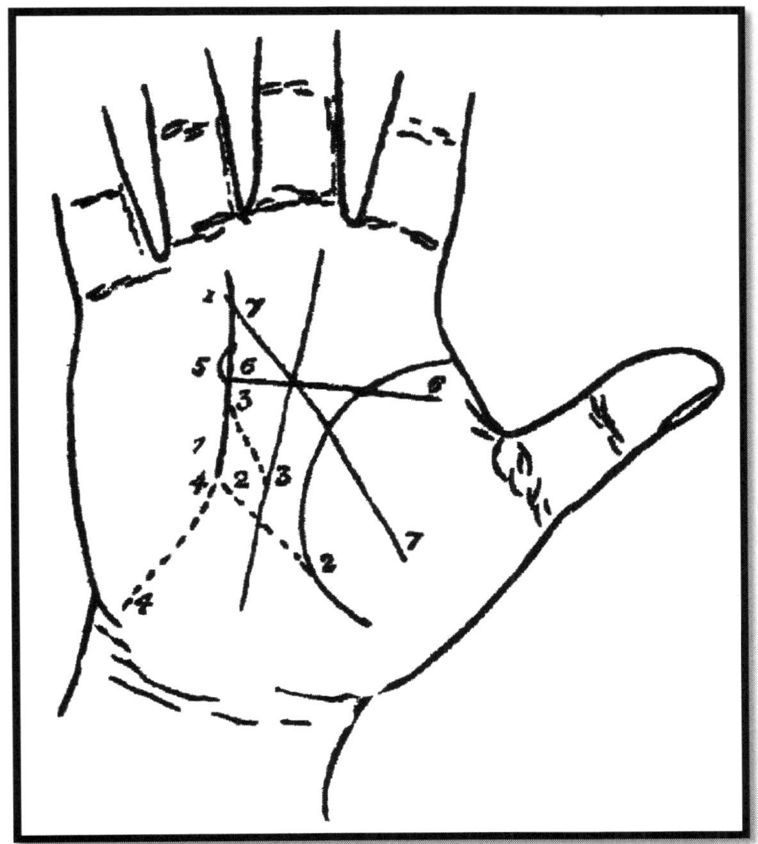

Abbildung XV – Die Sonnenlinie und ihre Abweichungen.

Befindet sich die Sonnenlinie nur auf ihrem eigenen Berg, dann verspricht dies zwar auch Glück und Erfolg, aber so spät im Leben, dass es sich kaum noch lohnt.

Ist der Ringfinger, auch Sonnenfinger genannt, erheblich länger als der Zeigefinger und die Sonnenlinie gut ausgeprägt, dann zeigt sich eine Neigung zum Glücksspiel. Fast alle erfolgreichen Spieler besitzen diese beiden Merkmale.

Ist dagegen der Ringfinger genau so lang wie der Mittelfinger, dann wird die Neigung, Geld anzuhäufen, zur alles überragenden Leidenschaft im Leben.

Ist der Ringfinger extrem lang und krumm oder gebogen, dann versucht der Mensch Geld zu erhalten, koste es was es wolle. Diese Verformung findet man häufig an der Hand von Dieben oder Kriminellen, die bereit sind, jedes Verbrechen zu begehen, um an Geld zu kommen. Wenn sich die Kopflinie sehr hoch auf der Handfläche befindet und am Ende aufsteigt (3-3, Abb. III), dann sind diese negativen Eigenschaften noch ausgeprägter.

Ist die Hand künstlerisch geformt mit spitzen Fingern oder ist sie lang und schmal, dann bedeutet das Vorhandensein der Sonnenlinie eher Erfolg der schillernden Art, wie auf der Bühne oder für Gesangstars, als in anderen Bereichen.

Die Hand eines wahren Musikers, Komponisten oder Musikanten ist dagegen selten schmal und lang, denn diese Menschen müssen eher wissenschaftliche Veranlagungen besitzen. Diese Veranlagungen findet man jedoch nicht bei Menschen mit langen, schmalen und künstlerisch geformten Händen, deren Grundlage eher ihr emotionales Temperament als wissenschaftliches Studium ist.

Bei sehr langen, dünnen Händen, die zu dem sogenannten psychischen Typ gehören (siehe Handtypen, Teil II, Seite 84), spielt die Sonnenlinie kaum eine Rolle, außer beim Temperament. Diese Menschen sind so idealistisch, dass sie sich weder für Reichtum, gesellschaftliche Stellung noch irdischen Erfolg interessieren. Im allgemeinen haben sie eine heitere, glückliche, sonnige Veranlagung, wenn diese Linie auf der Hand zu sehen ist, sie gehen traumwandlerisch durch das Leben, und nur ihre Träume sind für sie von Bedeutung.

Eine weitere Eigenheit, die noch von keinem anderen Autor zu diesem Thema vermerkt wurde, ist, dass Menschen mit der Sonnenlinie ihrer Umwelt aufmerksamer gegenüberstehen als Menschen, die diese Linie nicht besitzen. Deshalb heißt es auch, dass diese Linie auf eine „künstlerische Veranlagung" hinweist. Denn eine „künstlerische Veranlagung" kann nur jemand haben, der die schönen Dinge, die Harmonie seines Umfeldes usw. sieht; wogegen Menschen ohne Sonnenlinie selten ein Auge für ihre Umwelt haben und genauso glücklich in armseligen Unterkünften leben. Ihnen wäre es egal, ob sie schwarze, grüne, gelbe Vorhänge haben oder solche mit einer scheußlichen Farbkombination aus allen drei Farben.

Verlaufen viele Linien über den Sonnenberg, weist dies ebenfalls auf eine künstlerische Veranlagung hin, allerdings verhindert die Vielfalt der Ideen und Vorhaben ihre tatsächliche Verwirklichung.

Zwei oder drei Sonnenlinien, die parallel und gerade nebeneinander herlaufen, sind ein gutes Zeichen und bedeuten Erfolg in zwei oder drei verschiedenen Bereichen; eine einzige, gerade und deutliche Linie ist aber immer das beste Zeichen.

Eine „Insel" an irgendeiner Stelle der Sonnenlinie zerstört die gesellschaftliche Stellung und den versprochenen Erfolg, aber nur für den Zeitraum, solange die Insel auftritt (5, Abb. XV). In fast allen Fällen bedeutet dies einen öffentlichen Skandal, und ist die Linie deutlich ausgeprägt, dann ist eine bekannte Persönlichkeit oder etwas Ähnliches der Grund.

Alle gegenläufigen Linien, d.h., solche, die quer über die Hand vom Daumenballen verlaufen, besonders solche vom Marsberg oder aus seiner Richtung, sind schlechte Zeichen (6-6, Abb. XV). Kreuzen diese gegenläufigen Linien die Sonnenlinie oder verbinden sich mit ihr auf irgendeine Weise, dann bedeuten sie Eifersucht oder Störungen durch andere Menschen.

Merkwürdigerweise beziehen sich diese gegenläufigen Linien vom Marsberg nur auf Störungen durch Menschen vom gleichen Geschlecht, wogegen derartige Linien vom Venusberg sich auf das andere Geschlecht im Verhältnis zu dem Menschen beziehen, auf dessen Hand die Linien auftreten (7-7, Abb. XV).

Ein „Stern" auf der Sonnenlinie ist eines der glücklichsten und erfolgversprechendsten Zeichen überhaupt.

Ein „Viereck" bedeutet Schutz vor feindlichen Angriffen oder die Versuche, seine eigene Position zu verteidigen.

Auf einer „hohlen Hand" verliert die Sonnenlinie ihre ganze Wirkung und ihre Versprechen werden niemals eingelöst.

Ist überhaupt keine Sonnenlinie auf einer ansonsten gut ausgeprägten Hand vorhanden, dann bedeutet dies, dass der Mensch kaum oder keine Anerkennung in der Welt erhalten wird, so intelligent oder talentiert er auch sein mag. In anderen Worten, sein Leben verläuft unentdeckt; die Menschen nehmen seine Arbeiten nicht zur Kenntnis und die „Sonne des Erfolgs" wird niemals auf seinem Lebensweg scheinen.

Kapitel VII – Die Herzlinie als Hinweis auf die emotionale Veranlagung

Die Herzlinie verläuft quer über die Hand unter den Fingern, beginnt normalerweise unter dem Zeigefinger und zieht sich bis zum Rand der Hand unter dem kleinen Finger (1-1, Abb. XVI).

Die Herzlinie bezieht sich auf ausschließlich auf die Gefühlsseite des Charakters und die seelische Verfassung des Menschen in Hinblick auf die Liebe. Man muss sich dabei vor Augen halten, dass die Herzlinie oberhalb der Kopflinie liegt und damit in einem Bereich der Hand, der sich auf die geistigen und nicht auf die körperlichen Eigenschaften bezieht.

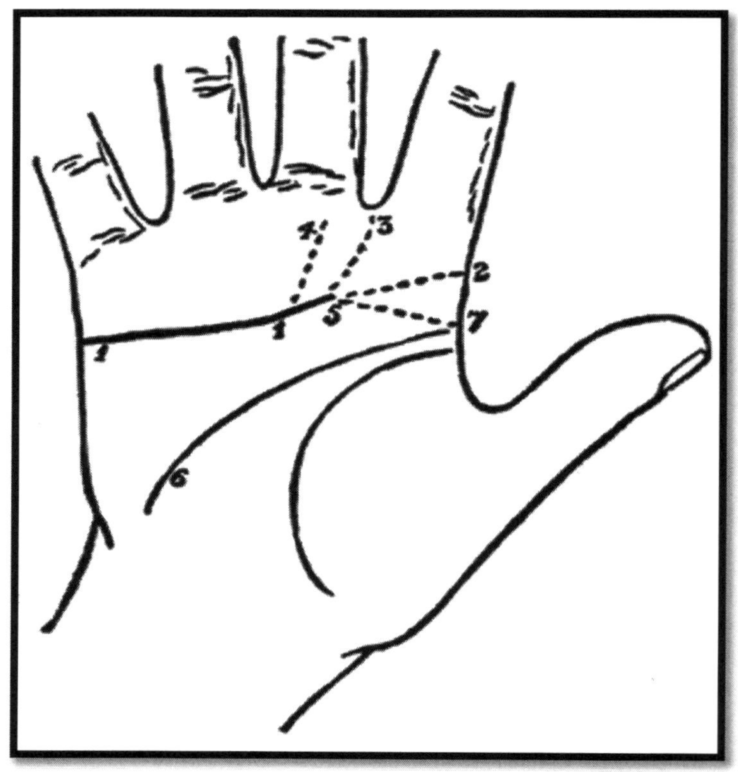

Abbildung XVI – Die Herzlinie und ihre Varianten.

Die Herzlinie sollte tief, klar und gut gefärbt sein. Sie kann ganz außen am Jupiterberg beginnen (2, Abb. XVI), von der Mitte des Berges, von der Stelle zwischen dem Zeige- und Mittelfinger (3, Abb. XVI), vom Saturnberg (4, Abb. XVI) oder direkt darunter (5, Abb. XVI).

Außen am Jupiterberg bedeutet die Linie blinden Enthusiasmus in der Liebe, sodass der Mann oder die Frau das Objekt ihrer Verehrung derart anbeten, dass sie weder Fehler noch Versagen sehen. Der Stolz dieser Menschen auf die geliebte Person ist jenseits jeglicher Vernunft, und wie alle Extremisten leiden sie furchtbar an ihren Gefühlen.

Aus der Mitte des Jupiterberges kommend bedeutet die Herzlinie eine ruhigere Verfassung, aber auch großen Idealismus und ist eine der besten Varianten der Herzlinie, die wir kennen.

Menschen mit einer solchen Herzlinie sind beständig und zuverlässig in ihren Gefühlen, sie haben normalerweise einen hohen Anspruch an Ehre und Moral. Sie legen großen Wert darauf, dass die Person, mit der sie leben, bedeutend, nobel und erfolgreich ist. Sie heiraten selten unter ihrem jeweiligen Stand im Leben und haben weniger Affären als andere Charaktere.

Wenn sie sich einmal verlieben, dann lieben sie für immer. Sie glauben nicht an eine zweite Heirat und der Scheidungsrichter hat selten Probleme mit ihnen.

Steigt die Herzlinie zwischen dem Zeige- und Mittelfinger auf, dass handelt es sich um eine ruhige und tiefe Veranlagung in Gefühlsdingen (3, Abb. XVI).

Diese Menschen scheinen ein glückliches Gleichgewicht zwischen der Neigung zu Idealismus und Stolz, die sie von Jupiter erhalten, und der selbstsüchtigen Veranlagung der von Saturn aufsteigenden Linie gefunden zu haben.

Sie zeigen ihre Liebe nicht demonstrativ, aber sie nehmen die größten Opfer für diejenigen, die sie lieben, auf sich. Sie erwarten auch nicht, dass die geliebte Person ein Gott oder eine Göttin ist.

Steigt die Herzlinie vom Saturnberg auf, dann ist der Mensch eher egoistisch in Liebesdingen (4, Abb. XIV). Solche Menschen opfern sich nicht auf, wie der vorbeschriebene Charakter. Sind neigen dazu, zynisch und demonstrativ zurückhaltend zu sein, während sie gleichzeitig versuchen, die Zuneigung der Person zu erringen, die sie haben möchten. Sie räumen alles aus dem Weg, was sie behindert, aber wenn sie ihr Ziel erreicht haben, zeigen sie wenig Zärtlichkeit und Zuneigung.

Sie sind unerbittlich, wenn sie Schwächen an ihrem Partner entdecken, aber da für sie ihre „eigenen Gesetze“ gelten, verschließen sie die Augen vor ihren eigenen Fehlern.

Wenn die Herzlinie unterhalb des Saturnbergs aufsteigt (5, Abb. XVI), sind alle vorgenannten Eigenschaften in verstärkter Form vorhanden. Diese Menschen leben nur für sich selbst und es interessiert sie wenig, ob die Menschen um sie herum glücklich sind oder nicht.

Je kürzer die Herzlinie auf der Hand ist, umso weniger zeigen sich Gefühle und Zuneigung.

Ist die Herzlinie dagegen ungewöhnlich ausgeprägt, d.h., besonders lang, dann bedeutet dies einen fürchterlichen Hang zu Eifersucht (2, Abb. XIV), und dies steigert sich sogar noch, wenn sich die Kopflinie auf der gleichen Hand stark in Richtung Mondberg neigt (6, Abb. XVI). In einem solchen Fall wird die Fantasie des Menschen seine Eifersucht noch steigern.

Krümmt sich die Herzlinie abwärts zum Jupiterberg (7, Abb. XVI), dann erzählt sie von einem seltsamen Fatalismus des Menschen, von großer Enttäuschung in der Liebe und sogar durch Menschen, auf deren Freundschaft er sich verlassen hat. Diesem Menschen mangelt es an der Kenntnis, wen man lieben kann. Seine Zuneigung ist fast immer am falschen Platz und wird niemals erwidert.

Solche Menschen besitzen jedoch im Allgemeinen eine wunderbar freundliche, herzliche Veranlagung. Sie besitzen wenig Stolz in Bezug auf den Menschen, den sie lieben, und sie heiraten im Allgemeinen unter ihrem Stand.

Besitzt die Herzlinie Kettenglieder oder mehrere kleine Linien, die sich mit ihr verbinden, bedeutet dies zahlreiche Flirts und Unbeständigkeit in Liebesdingen, aber selten eine dauerhafte Beziehung.

Verläuft eine Herzlinie vom Saturn mit Brüchen oder Kettengliedern und ist sie dabei breit, dann bedeutet sie eine absolute Verachtung für das andere Geschlecht. Es ist ein Zeichen für geistige Degenration in Liebesdingen.

Ist die Linie blass, breit und flach, so handelt es sich um einen gleichgültigen und desinteressierten Charakter ohne Fähigkeit zu tiefer Zuneigung.

Verläuft die Linie weit unten auf der Hand und berührt dabei fast die Herzlinie, dann wird es immer eine gegenseitige Störung von Kopf und Herz geben.

Verläuft sie sehr weit oben auf der Hand und sehr eng neben der ebenfalls ungewöhnlich hohen Kopflinie, dann bedeutet dies eine starke Zurückhaltung, weil die Herzensangelegenheiten vom Kopf gesteuert werden. Solche Menschen sind in Liebesdingen ausgesprochen berechnend.

Befindet sich nur eine tiefe, gerade Linie quer über die Hand von einer Seite zur anderen, dann scheinen sich beide Linien, die Kopf- und Herzlinie zu überlagern, was bedeutet, dass diese Menschen sehr egozentrisch sind. Wenn sie lieben, dann setzen sie ihre ganze geistige Kraft dafür ein, und wenn sie sich für eine bestimmte Sache interessieren, dann sind sie mit Herz und Seele dabei, egal was es auch sei(Abb. VI).

Diese Menschen sind schrecklich halsstarrig und heftig entschlossen in allem was sie tun. Sie scheinen keinerlei Furcht zu kennen – sie sind gefährliche Liebhaber und Ehemänner, denn sie sind nicht zu bremsen, wenn ihr Blut in Wallung gerät.

Sie sind auch für sich selbst eine Gefahr. Sie rennen blind ins Unglück, sind oft in schreckliche Unfälle und Verletzungen verwickelt und erleiden häufig einen plötzlichen Tod (siehe auch Seite 30).

Beginnt die Herzlinie in einer Gabelung mit einem Ast auf dem Jupiterberg und dem anderen zwischen dem Zeige- und Mittelfinger, so ist dies ein gutes Zeichen für eine ausgeglichene, glückliche und herzliche Veranlagung; ein Versprechen für großes Glück in Herzensdingen.

Ist die Herzlinie sehr schmal und ohne Äste, dann bedeutet dies Kälte und Herzlosigkeit.

Ist gar keine Herzlinie vorhanden, ist dies ein Zeichen für einen kaltblütigen, gefühlslosen Charakter. Diese Menschen können jedoch in Gefühlsdingen brutal sein, besonders, wenn der Venusberg sehr hoch ist (siehe Berge, Seite 101).

Eine gebrochene Herzlinie ist ein sicheres Zeichen dafür, dass der Mensch eine schreckliche Tragödie in seiner Beziehung erleben wird.

Es ist zwar heutzutage nicht mehr häufig anzutreffen, aber ich habe in einigen Fällen erlebt, dass diese Menschen sich nie wieder von dem Verlust ihrer Liebe erholt haben und nie wieder eine Liebesbeziehung eingegangen sind.

Kapitel VIII – Zeichen, die von einer Heirat künden

Die sogenannte Heiratslinie besteht aus einem oder mehreren Zeichen, die sich auf dem Mond unter dem kleinen Finger befinden (1, Abb. XVII).

Ich möchte zuerst alle Einzelheiten dieser Linien behandeln und die Aufmerksamkeit des Lesers dann auf die anderen Zeichen auf der Hand richten, die mit den Heiratslinien im Zusammenhang stehen und weitere Informationen über diese hinzufügen.

Die Heiratslinie befindet sich entweder als sehr kleine Linie fast auf der äußeren Seite der Hand, oder sie erscheint als lange Linie von der Seite der Hand bis hin zum Merkurberg, oder sie reicht in einigen Fällen bis weit in die Hand hinein.

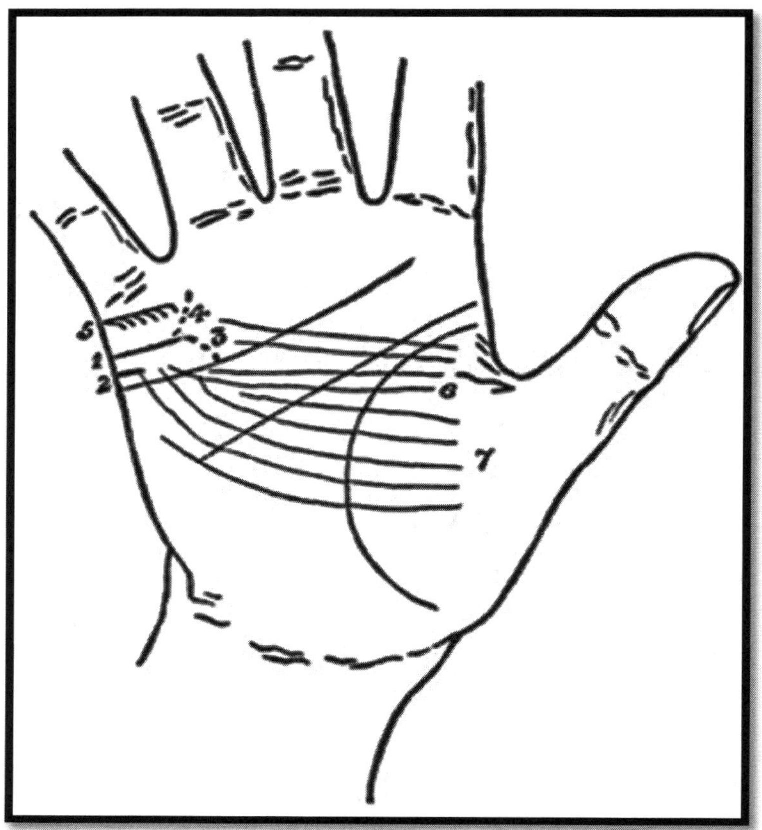

Abbildung XVII – Die Heiratslinien.

Nur die langen Linien beziehen sich auf eine Heirat, die kurzen bedeuten tiefe Zuneigung oder geplante, aber niemals verwirklichte Heirat (2, Abb. XVII).

Verläuft eine tiefe Linie in der Nähe der Herzlinie, dann wird die Heirat in jungen Jahren stattfinden, aber die anderen Zeichen, die ich später erkläre, zeigen ein genaueres Datum an.

Bei einer glücklichen Ehe sollten die Linien auf dem Merkurberg gerade und deutlich sein, ohne Brüche oder andere Unregelmäßigkeiten (1, Abb. XVII).

Krümmt sich die Heiratslinie abwärts (3, Abb. XVII), dann wird der Mensch, auf dessen Hand dieses Zeichen erscheint, seinen Partner überleben.

Biegt sich die Linie aufwärts in die entgegengesetzte Richtung, dann wird ihr Besitzer vermutlich niemals heiraten (4, Abb. XVII).

Ist die Linie klar und deutlich zu sehen, aber hängen viele kleine Linien von ihr herab, dann bedeutet dies Probleme und Ängste in der Ehe, die durch die Kränklichkeit des Partners verursacht werden (5, Abb. XVII).

Krümmt die Linie sich am Ende und befindet sich in dieser Krümmung ein Kreuz oder eine Linie, dann verstirbt der Partner durch einen Unfall oder eine plötzliche Krankheit. Endet die Heiratslinie dagegen in einer langen, stufenartigen Kurve, dann stirbt der Partner nach langer Krankheit oder einem zunehmend schlechten Gesundheitszustand.

Befindet sich am Anfang der Linie eine „Insel", dann wird sich die Heirat lange verzögern und die beiden Partner sind zum Anfang ihrer Ehe lange Zeit getrennt.

Befindet sich die „Insel" in der Mitte der Heiratslinie, dann ist mit großen Problemen und einer Trennung in der zeitlichen Mitte des Ehelebens zu rechnen (XVIII).

Befindet sich die „Insel" am Ende der Linie, so endet die Ehe vermutlich in Streit und Trennung.

Gabelt sich die Heiratslinie (4, Abb. XVIII), dann trennen sich die beiden Partner, und verläuft ein Ast der Gabelung Richtung Herzlinie, dann ist mit einer legalen Trennung zu rechnen (5, Abb. XVIII).

Ist der Ast noch ausgeprägter und verläuft weiter nach unten auf der Hand, dann bedeutet dies auf jeden Fall eine Scheidung, insbesondere, wenn das eine Ende der Gabelung weiter über die Hand verläuft Richtung Marsebene oder Marsberg (5, Abb. XVIII).

In vielen Fällen verläuft eine schmale Linie von der Heiratslinie quer über die Hand, und dies bedeutet immer größte Feindschaft und Verbitterung, die in einen Kampf um Freiheit und Scheidung endet. In diesen Fällen gibt es keinerlei Hoffnung auf Versöhnung.

Besitzt die Heiratslinie lauter kleine Inseln oder Kettenglieder, dann sollte man den Menschen davor warnen, überhaupt jemals zu heiraten, denn eine solche Verbindung wird das allergrößte Unglück und dauerhafte Trennung bedeuten.

Scheint die ansonsten gut ausgeprägte Linie in der Mitte zu zerbrechen, dann bedeutet dies Trennung durch Tod oder einen anderen Grund in einer ansonsten glücklichen Ehe.

Verläuft die Linie oder ein Ast von ihr über die Hand und verbindet sich mit der Sonnenlinie oder steigt an ihr auf, dann wird ihr Besitzer jemanden mit großem Reichtum oder Einfluss heiraten (6, Abb. XVIII).

Krümmt sich die genannte Linie abwärts und schneidet die Sonnenlinie, dann wird der Mensch, auf dessen Hand sie erscheint, seine Stellung aufgrund der Heirat verlieren.

Verläufen Linien oben vom Merkurberg herunter zur Heiratslinie, dann werden in der Ehe große Schwierigkeiten zu überwinden sein, aber da die Heiratslinie eine positive ist, werden alle Hindernisse überwunden.

Befindet sich eine sehr viel schmalere Linie oberhalb der Heiratslinie, dann weist dies auf einen Einfluss hin, der im Leben des Menschen nach der Heirat auftreten wird.

Alle Linien, die vom Marsberg über die Hand (6, Abb. XVII) und zur Heiratslinie aufwärts verlaufen, bedeuten, dass andere Menschen während der Ehe dazwischenkommen. Das Datum dieser Einmischung ist immer die Stelle, an der diese Linien die Schicksalslinie kreuzen; sie bedeutet Streitereien, wenn sie vom Mars kommen; vom Venusberg bedeuteten sie ebenfalls Ärger, aber weniger rachsüchtig (7, Abb. XVII).

Einflusslinien der Schicksalslinie auf dem Venusberg und andere Zeichen die eine Bedeutung in Heiratsfragen haben

Der Handleser kann bestimmte Einzelheiten im Zusammenhang mit einer Heirat sehr gut an folgenden Zeichen feststellen:

Kleine Einflusslinien, die sich mit der Schicksalslinie verbinden (7, Abb. XVIII), beziehen sich auf Personen, die in das Gefühlsleben des Menschen eintreten.

Ist die Einflusslinie an dem Punkt, wo sie sich mit der Schicksalslinie verbindet, sehr stark und erscheint gleichzeitig eine deutliche Heiratslinie auf dem Merkurberg, dann kann das Datum der Hochzeit an diesem Punkt genau abgelesen werden.

Eine große Vielfalt an Details über das Schicksal des Menschen kann an diesen Einflusslinien abgelesen werden.

Laufen sie über den Mondberg, so gibt es immer etwas Romantisches in der Beziehung. Der Mensch, auf dessen Hand diese Linien erscheinen, trifft ihre Liebe im Allgemeinen auf einer Reise oder außerhalb ihres Hauses.

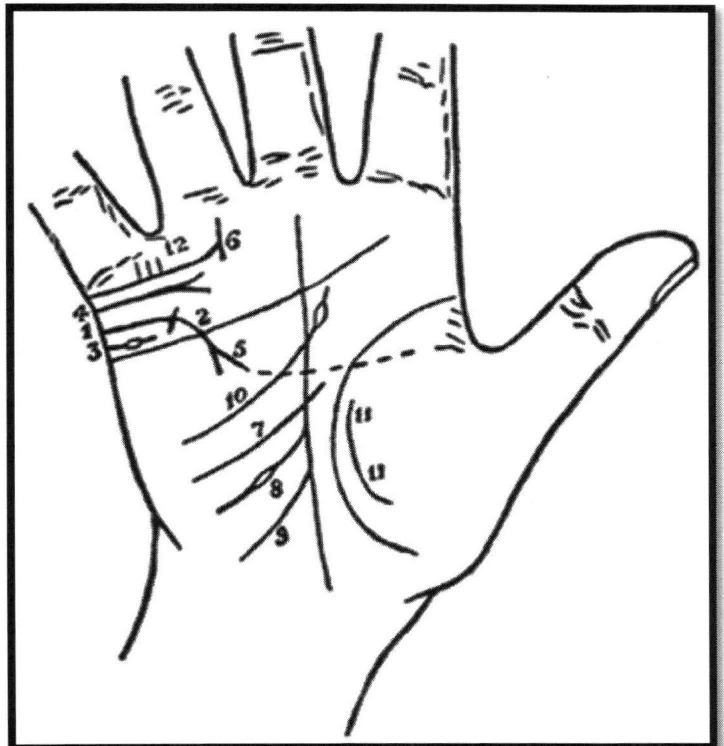

Abbildung XVIII – Heiratslinien und Einflusslinien, die weitere Hinweise auf eine Heirat geben.

Befindet sich auf der Einflusslinie eine „Insel", dann handelt es sich um einen schlechten Einfluss oder die andere Person hatte zumindest einen Skandal in ihrem früheren Leben (8, Abb. XVIII). Ist die Schicksalslinie schwächer oder nicht eindeutig, nachdem die eheliche Verbindung durch ein Zeichen angezeigt wird, dann bringt die Heirat dem Menschen nichts Gutes oder keinen Erfolg. Sieht die Schicksalslinie dagegen stärker aus, nachdem sie sich mit der Einflusslinie verbunden hat, dann wird die eheliche Verbindung für den untersuchten Menschen von Vorteil sein.

Erscheint gleichzeitig eine Sonnenlinie, dann wird der Reichtum oder die Macht noch größer.

Durchschneidet die Einflusslinie die Schicksalslinie und verläuft weiter zum Daumen, dann wird die Verbindung nicht andauern und nicht glücklich sein (7, Abb. XVIII).

Verlaufen die Einflusslinie und die Schicksalslinie weit voneinander getrennt und scheinen sie beide gleichzeitig auf der Hand aufzusteigen, dann werden die unterschiedlichen Interesse und Lebenswege der beiden Menschen mit den Jahren immer deutlicher zutage treten.

Erscheint eine Einflusslinie ganz nahe an der Schicksalslinie und verläuft eine Weile neben ihr parallel, ohne sich mit ihr zu verbinden, dann wird die Eheschließung aufgrund eines Hindernisses nicht stattfinden (siehe auch Seite 46).

Endet eine Einflusslinie in einer „Insel", dann bedeutet dieser Einfluss irgendeine Form von Ärger, meistens in Form einer Blamage oder Schande (10, Abb. XVIII). (Weitere Einzelheiten siehe das Kapitel über die Schicksalslinie, in dem auch die Einflusslinien erwähnt sind, Seite 48).

Einflusslinie auf dem Venusberg

Hierbei handelt es sich um parallel zur Lebenslinie verlaufende Linien (2-2, Abb. XVIII), die jedoch nicht mit der Marslinie verwechselt werden dürfen oder mit der „doppelten Lebenslinie", die etwas höher und näher am Marsberg verläuft.

Diese Venus-Einflusslinien findet man häufiger bei Menschen, die ein sogenanntes „Venustemperament" besitzen und sehr emotional und leidenschaftlich veranlagt sind.

Sind zahlreiche solcher Linien sichtbar, dann kann der Mensch nicht ohne Liebe leben und hat immer mehrere „Affären" gleichzeitig.

Verläuft eine solche Lebenslinie parallel zur Lebenslinie oder wendet sich von ihr ab, dann kann man daran mit recht genauer Datumsangabe erkennen, wie lange dieser Einfluss anhalten wird (zum Thema Daten siehe Seite 82).

Diese Einflusslinien haben jedoch niemals eine so große Bedeutung oder Wichtigkeit wie die zuvor beschriebenen, die sich mit der Schicksalslinie verbinden.

In meinem größeren Werk zu diesem Thema, „Cheiros Sprache der Hand", mit zahlreichen Abbildungen von bekannten Persönlichkeiten, habe ich weitere Einzelheiten zu diesen Einflusslinien erläutert.

Kapitel IX – Linien die auf Kinder, auf ihr Geschlecht und andere Einzelheiten hinweisen

Die Linien, die sich auf Kinder beziehen, befinden sich aufrecht direkt über der Heiratslinie (12, Abb. XVIII). Eine gute Möglichkeit, diese Linien zu erkennen, besteht darin, mit den Fingerspitzen auf diesen Teil der Hand zu drücken und zu abzuwarten, welche der kleinen Linien am deutlichsten zu sehen ist.

Manchmal sind diese Linien sehr tief eingeschnitten und normalerweise eher auf der Hand einer Frau als bei einem Mann zu finden. Oftmals muss man eine Lupe zur Hand nehmen, um sie überhaupt zu erkennen.

Breite und tiefe Linien weisen auf männliche Kinder hin, schmale und zarte Linien auf weibliche.

Sind die Linien gerade, so handelt es sich um gesunde Kinder, sind sie dagegen schwach oder gekrümmt, dann werden sie immer kränklich sein.

Ist auf dem ersten Teil der kleinen Linie (aufwärts von der Heiratslinie gesehen) eine Insel, dann hat das Kind in seinen jungen Jahren große Probleme, aber erscheint die Linie deutlich, nachdem die „Insel" überwunden ist, dann wird es trotzdem gesund und kräftig aufwachsen. Endet die Linie in einer „Insel" oder einem Bruch, dann wird das Kind nicht das Erwachsenenalter erreichen.

Ist eine der Linien deutlicher ausgeprägt als die anderen, dann bedeutet dieses Kind den Eltern besonders viel und es wird erfolgreicher sein als die anderen Kinder.

Um die Anzahl der zu erwartenden Kinder zu errechnen, muss man die Linien vom äußeren Rand der Hand Richtung Handmitte zählen.

Wenn bei einem Menschen der Venusberg sehr flach und schwach ausgeprägt ist, dann wird er voraussichtlich überhaupt keine Kinder haben, und dies ist umso sicherer, wenn die erste Handgelenkslinie in einem Bogen Richtung Handfläche verläuft (siehe Seite 67).

Kapitel X – Die Gesundheitslinie

Die Frage, wo die Gesundheitslinie auf der Handfläche beginnt, hat schon zu heftigen Diskussionen unter Kennern der Handlesekunst geführt (1-1, Abb. XIX).

Meiner fünfundzwanzigjährigen Erfahrung nach, auch durch die Untersuchung von Kinderhänden, beginnt die Gesundheitslinie unter oder auf dem Merkurberg, verläuft über die Hand und greift die Lebenslinie an. Sie weist auf das Entstehen von Krankheiten oder Infektionen hin, die zu dem Zeitpunkt, wo sich die beiden Linien verbinden, ihren Höhepunkt erreichen.

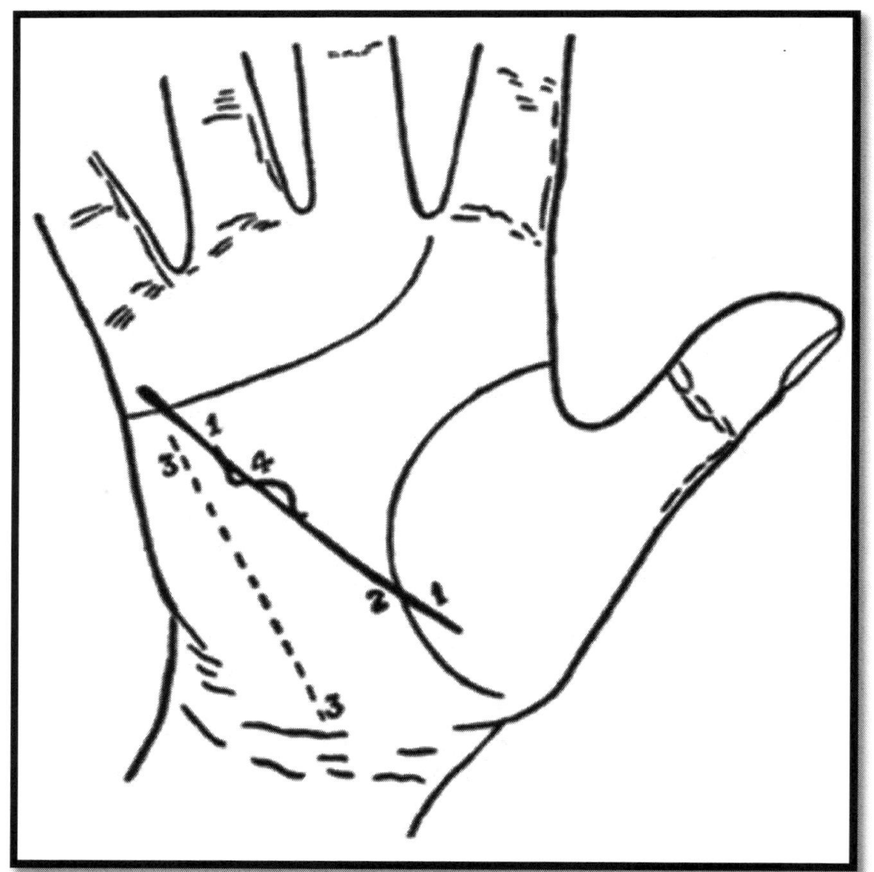

Abbildung XIX – Die Gesundheitslinie.

Die Lebenslinie zeigt, wie schon erwähnt, nur die Lebensdauer aufgrund der körperlichen Veranlagung an, wogegen sich die Gesundheitslinie auf den Lebenswandel bezieht. Sind beide Linien an dem Punkt, wo sie sich treffen, gleich stark ausgeprägt, bedeutet dies den Todeszeitpunkt, selbst wenn die Lebenslinie über diesen Punkt hinaus verläuft und viel länger ist (2, Abb. XIX).

Da die Merkur- oder Gesundheitslinie mit dem Nervensystem und auch mit dem Gehirn (Merkur) zusammenhängt, legt dies die Vermutung nahe, dass das Unterbewusstsein schon in jungen Jahren für die Widerstandskraft des Nervensystems zuständig ist. Es weiß, wie lange diese Kraft anhalten und wann sie erschöpft sein wird, und dies zeigt sich schon von viele Jahre im Voraus an den Zeichen der Hand.

Die Gesundheitslinie ist eine der Handlinien, die den meisten Veränderungen unterliegt. Sie ist das Fieberthermometer des Lebens und „steigt und fällt", je nach Gesundheitszustand. Ich habe schon erlebt, dass diese seltsame Linie tief und bedrohlich in den frühen Lebensjahren wirkt und später völlig verblasst, wenn der Körper gesünder und kräftiger wird.

Insbesondere habe ich erlebt, dass diese Linie tief und unordentlich wirkt, wenn es Probleme mit den Nerven gibt oder der Mensch sich geistig überanstrengt hat.

Am besten ist es, wenn man überhaupt keine Gesundheitslinie besitzt. Ist sie nicht vorhanden, dann weist dies auf einen robusten, kräftigen Gesundheits- und Geisteszustand hin.

Wenn jedoch eine Gesundheitslinie vorhanden ist, dann sollte diese im besten Fall senkrecht über die Hand verlaufen und die Lebenslinie nicht berühren (3,3 Abb. XIX). Verläuft die Gesundheitslinie quer über die Hand und berührt dabei die Lebenslinie, bzw. besitzt sie Äste, die die Lebenslinie berühren, dann ist eine Krankheit vorhanden, die die Gesundheit untergräbt.

Erhebt sie sich und sieht aus wie ein Ast der Herzlinie, insbesondere wenn diese beiden Linien breit sind und sich die Gesundheitslinie später auf der Hand mit der Lebenslinie verbindet, dann ist dies ein sicheres Zeichen für eine Herzschwäche oder –Krankheit.

Der Handleser sollte im Zusammenhang mit Herzkrankheiten, die von der Gesundheitslinie angezeigt werden, auch immer die Nägel beachten (siehe Kapitel über Nägel, Seite 97).

Sind die Fingernägel kurz, ohne Monde und rund, während die Gesundheitslinie gleichzeitig stark ausgeprägt ist, dann ist eine Herzschwäche mit Sicherheit zu erwarten.

Sind die Nägel dagegen lang und mandelförmig, bestehen Lungenprobleme. Bei gleicher Nagelform und Inseln auf dem oberen Teil der Gesundheitslinie (4, Ab. XIX), drohen Schwindsucht und Tuberkulose.

Sind die Nägel sehr flach und muschelförmig (siehe Abb. V, Teil II) und ist die Gesundheitslinie gleichzeitig deutlich ausgeprägt, dann drohen die schlimmsten Formen von Nervenlähmungen.

Ist diese Linie sehr rot und besitzt kleine Flecken, besonders wenn man sie eindrückt, dann bedeutet dies rheumatisches Fieber.

Ist sie krumm, unregelmäßig und gelblich, dann wird der Mensch an Gallen- und Leberproblemen leiden.

Ist die Gesundheitslinie stark ausgeprägt und verbindet die Herz- mit der Kopflinie, dann deutet dies auf Hirnhautentzündung hin, speziell, wenn sich Inseln auf der Kopflinie befinden.

Verläuft die Gesundheitslinie gerade über die Hand, ohne die Lebenslinie zu berühren, dann ist der Gesundheitszustand des Menschen zwar nicht besonders robust aber zäh in der Abwehr von Krankheiten.

Bei der Untersuchung der Gesundheitslinie muss der Handleser immer auch nach weiteren Hinweisen auf den anderen Handlinien suchen, insbesondere auf der Lebens- und Kopflinie. Ist zum Beispiel die Lebenslinie schwach und mit Kettengliedern besetzt, dann bedeutet die Gesundheitslinie eine erhöhte Gefahr zu erkranken. Ist die Kopflinie voller Inseln oder Kettengliedern, zeigt dies Hirnkrankheiten, schwere Kopfschmerzen usw. an.

Die Untersuchung der Gesundheitslinie gibt unschätzbare Hinweise auf einen schlechten Gesundheitszustand. Allerdings ist es fraglich, ob sich der untersuchte Mensch danach richten wird. Meine Erfahrung ist, dass er dies nicht tun wird und deshalb alles, was die Linie ankündigt, auch eintrifft.

Die Vorsehung gibt uns viele Zeichen und Warnungen auf unserem Lebensweg, aber der Mensch ist entweder zu blind oder zu eingebildet, sie zu erkennen, bevor es zu spät ist.

Kapitel XI - Der Venusgürtel, der Saturnring und die Armbänder

Diese Linien gehören zu den unbedeutenderen Linien der Hand, obwohl sie häufig eine sehr große Aussagekraft besitzen.

Der Venusgürtel ist der manchmal gebrochene, manchmal durchgängige Halbkreis, der unter dem Zeigefinger beginnt und unter dem kleinen Finger endet (1-1, Abb. XX).

Ich habe allerdings in meiner langjährigen Erfahrung nie festgestellt, dass dieses Zeichen auf eine besondere körperliche Sinnlichkeit hinweist, wie es von manchen anderen Autoren beschrieben wird. Man sollte allerdings bedenken, dass die Hand durch die Kopflinie *in zwei Hälften geteilt wird, die untere und die obere.*

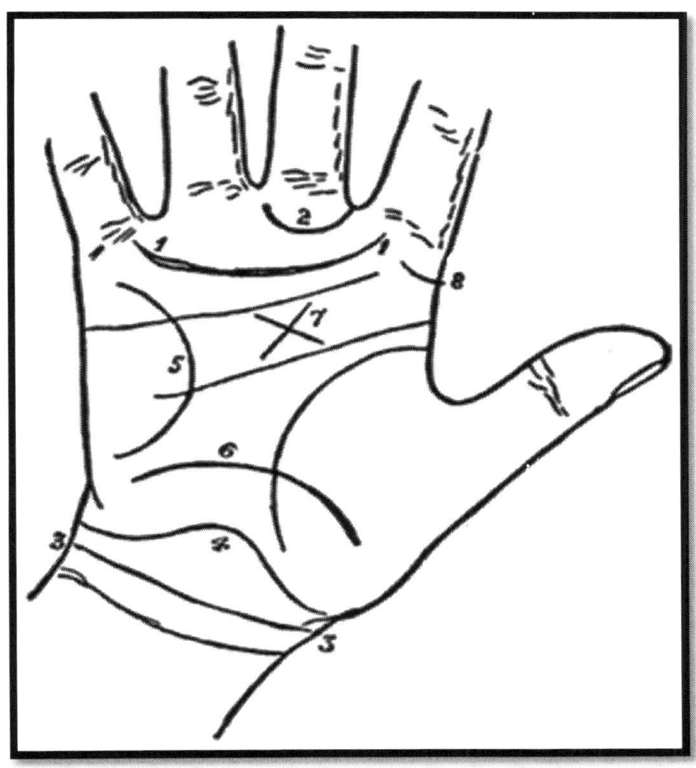

Abbildung XX – Der Venusgürtel, der Saturnring, die drei Armbänder, die Intuitionslinie und die Via Lasciva.

Die untere bezieht sich eher auf die physische oder mehr animalische Seite des Charakters, die obere auf die intellektuelle. Wenn man sich an dieser Aufteilung orientiert, dann scheint es logisch, dass das erwähnte Zeichen, nämlich der Venusgürtel, sich eher auf die geistige Seite der symbolischen Venus bezieht.

Ich habe festgestellt, dass Menschen mit diesem Zeichen eher geistig als körperlich sensibel sind. Sie lesen oder schreiben zwar gern Bücher über „sexuelle Probleme“, neigen aber nicht dazu, ihre Theorien und Ideen für sich selbst in die Praxis umzusetzen.

Die Eigenschaften, die dieses Zeichen bedeutet, sind allerdings aktiver und gefährlicher, wenn der Venusgürtel vom Saturnberg zum Merkurberg verläuft. Die Fantasien dieser Menschen sind dann morbide und ungesund.

Wer sich mit Astrologie befasst, dem wird der Zusammenhang zwischen diesen beiden Teilen der Hand sofort klar und verständlich sein.

Besitzt der Venusgürtel viele Brüche, dann hat er wenig Bedeutung und weist nur auf eine Neigung zu Hysterie hin in den jeweiligen oben beschriebenen Bereichen.

Diese Menschen sind sehr stimmungsabhängig, es ist schwierig, mit ihnen zusammenzuleben, und wenn der Venusgürtel seitlich zur Hand weiterverläuft und die Heiratslinien durchquert, dann wird ihre Ehe aufgrund ihrer wechselnden Stimmungen normalerweise zu einer unglücklichen Erfahrung.

Der Saturnring

Der selten vorhandene Saturnring (2, Abb. XX) ist keinesfalls ein gutes Zeichen. Es handelt sich ebenfalls um eine halbrunde Linie, die allerdings auf dem Saturnberg verläuft.

In meiner langjährigen Erfahrung bin ich nicht einem einzigen Menschen mit diesem Zeichen begegnet, der im Leben erfolgreich war oder seine Pläne zu einem glücklichen Ende bringen konnte.

Diese Menschen scheinen seltsam abgekapselt von ihren Mitmenschen zu leben. Sie sind isoliert und allein und scheinen diesen einsamen Zustand zutiefst negativ zu empfinden. Sie sind bedrückt, trübsinnig und düster von Gemüt. Sie heiraten selten und falls doch, dann endet es in einem furchtbaren Fehlschlag.

Sie sind extrem eigensinnig und dickköpfig in allem, was sie tun, sie lehnen jeglichen Ratschlag ab und verübeln jede Einmischung in ihre Pläne. Ihr Leben endet in Leiden, Armut, einer düsteren Tragödie oder einem tödlichen Unglück. Es ist das unglücklichste Zeichen auf der Hand.

Die Armbänder

Die Armbänder (3-3, Abb. XX) haben außer bei gewissen Gesundheitsaspekten wenig Bedeutung. Normalerweise sind drei solcher Linien am Handgelenk, die von den Griechen die Gesundheits-, Wohlstands- und Glücksarmbänder genannt wurden.

Es ist allerdings ziemlich selten, dass all dies zusammentrifft, denn die Erfahrung im Leben zeigt uns, dass diese drei so viel gefragten Besitztümer, kaum jemals gleichzeitig auf dieser Seite des Grabes zu haben sind.

In den alten griechischen Sagen finden wir einen interessanten Hinweis auf die oberste Handgelenkslinie; jene, die der Handfläche am nächsten ist und für Gesundheit steht.

Es scheint, dass in einem bestimmten Abschnitt der alten griechischen Zivilisation alle Frauen, die heiraten wollten, zum Priester in den Tempel kommen mussten, um ihre Hände untersuchen zu lassen, bevor sie die Erlaubnis zum Heiraten erhielten. Stellte der Priester fest, dass die Linie nicht an ihrer eigentlichen Stelle verlief sondern bogenförmig aufwärts verlief (4, Abb. XX), dann durfte die Frau mit diesem Zeichen auf keinen Fall heiraten, da man davon ausging, dass sie im Körper eine Missbildung besaß, die sie daran hinderte, Kinder auf die Welt zu bringen. In diesem Fall wurden die Frauen zu Vestalinnen für den Tempeldienst ernannt. Vielleicht hatte der alte griechische Priester mit seiner Überzeugung recht, denn wenn sich die oberste Handgelenkslinie nach oben krümmt, dann haben sowohl Männer als auch Frauen organische Probleme, besonders auch auf ihr Geschlechtsleben bezogen.

Kapitel XII – Die Intuitionslinie und die Via Lasciva

Die Intuitionslinie (5, Abb. XX) findet man praktisch nur auf den philosophischen, konischen und psychischen Händen, manchmal jedoch auch auf den spatelförmigen.

Sie besitzt mehr oder weniger die Form eines Halbkreises vom Merkurberg zum Mondberg oder erscheint nur auf dem Mondberg. Man darf sie nicht mit der Gesundheitslinie verwechseln, denn sie ist ein wichtiges selbständiges Zeichen.

Sie weist auf einen extrem nervösen, übersensiblen Charakter hin, auf Vorahnungen, Inspiration und ausgeprägte Hellsichtigkeit, auf lebhafte Träume, die oft Wirklichkeit werden, auf intuitives Handeln. Außerdem sind diese Menschen begnadete Redner und Autoren mit einer eleganten Ausdrucksweise.

Man findet diese Linie häufiger bei Frauen als bei Männern, obwohl mir mehrmals Männer begegnet sind, bei denen dieses Zeichen besonders ausgeprägt war. In allen Fällen hatte ihr Besitzer äußerst bemerkenswerte Fähigkeiten und Kenntnisse und besaß die Gabe der Intuition, selbst bei ganz profanen Dingen, von denen er normalerweise eigentlich gar nichts wusste.

Ich benutze die Worte „normalerweise“ absichtlich, denn nicht immer sind diese Menschen in einem Zustand, in dem sie solche bemerkenswerten Fähigkeiten besitzen. Manche Männer waren absolut umgebildet, konnten aber plötzlich, wenn sie entsprechend inspiriert waren, die kompliziertesten Dinge mit großer Genauigkeit erklären. Wenn man sie jedoch in dieser Situation fragte, woher sie dies wüssten, dann bekam man lediglich zur Antwort, dass sie es „einfach so“ wüssten.

Ich habe einen Mann kennengelernt, der erstaunlich genau von zukünftigen Ereignissen träumte und auf diese Weise viele Menschen schon Wochen und Monate im Voraus vor drohenden Gefahren warnen konnte. In zahlreichen Fällen hat diese Warnung den Menschen das Leben gerettet.

Bei allen Menschen, die diese Gabe besitzen, habe ich jedoch festgestellt, dass sie ihre seltsamen Kräfte sofort verlieren, wenn sie Alkohol in irgendeiner Form zu sich nehmen.

Die Via Lasciva

Dies ist ein seltsames Zeichen (6, Abb. XX), das zwar auch halbkreisförmig erscheint, aber in diesem Fall den Mondberg mit dem Venusberg verbindet oder einfach die Hand hinunterläuft vom unteren Bereich des Mondberges bis zum Handgelenk.

Die erste Variante weist auf grenzenlose Sinnlichkeit und Leidenschaft hin, und wenn sie die Lebenslinie zerschneidet, dann bedeutet dies einen Tod, der durch die Zügellosigkeit des Menschen verursacht wird.

Verläuft die Linie vom Mondberg zum Handgelenk, dann bedeutet dies zwar ebenfalls äußerst sinnliche Träume, Begehrlichkeiten und Vorstellungen, aber im Gegensatz zu der anderen Variante ist diese meistens nur für den Menschen gefährlich, auf deren Hand die Linie auftritt.

Bei beiden Varianten besteht ein Hang zum Drogenkonsum wie Opium oder Morphium. Dies ist besonders der Fall, wenn die Hand weich, dick und schlaff ist. Ist die Handfläche dagegen fest, dann neigt der Mensch zu exzessivem Trinken mit Kontrollverlust.

Ist die Kopflinie schwach ausgeprägt, voller Inseln und verläuft abwärts zum Mondberg, dann wird Geisteskrankheit oder Degeneration in ihrer schlimmsten Form den Charakter und das Leben des Menschen früher oder später zerstören.

Kapitel XIII – Das mystische Kreuz und der Ring des Salomon

Das sogenannte „mystische Kreuz“ befindet sich in dem Viereck der Hand zwischen der Herz- und Kopflinie (7, Abb. XX).

Dieses Zeichen bedeutet eine natürliche Veranlagung zu mystischen und okkulten Angelegenheiten. Befindet es sich mehr in der Nähe des Jupiters, dann wendet der Mensch diese Fähigkeiten mehr zum eigenen Nutzen, aus Ehrgeiz und zur Verfolgung eigener Ziele an, als um der Sache selbst.

Befindet sich das Kreuz im Mittelpunkt des Vierecks, auf der Schicksalslinie oder direkt unter dem Saturnberg, dann werden der Einfluss und die Lehren des Okkultismus für ihn zur Religion oder zum Selbstzweck und werden in seinem ganzen Leben eine wichtige Rolle spielen. Sehr wahrscheinlich wird der Träger dieses Zeichens seiner Berufung folgen oder seine Erkenntnisse in Form von Büchern zusammenfassen.

Liegt das Zeichen tiefer im Viereck und näher am Mondberg, dann befasst sich der Mensch mehr mit Aberglauben als mit Okkultismus. Trotzdem wird er wahrscheinlich damit Erfolg haben und andere Menschen mit seinen Erkenntnissen beeinflussen. Insbesondere wird er wahrscheinlich wunderschöne, mystische Lyrik schreiben, die von einer stark prophetischen Grundtendenz durchzogen ist.

Der Ring des Salomon ist ebenfalls ein merkwürdiges Zeichen für Mystik und Okkultismus, aber sein Träger hat eher die Kraft, ein Meister oder Adept zu werden. Dies beruht wahrscheinlich auf den Einflüssen des Jupiterbergs (8, XX).

Kapitel XIV – Reisen und Unfälle

Reisen werden auf der Hand angezeigt durch die kleinen Linien, die von der Lebenslinie zum Mondberg verlaufen und durch Linien auf dem Mondberg (2, Abb. XXI).

Wenn solche kleinen Reiselinien auf der Lebenslinie zu sehen sind, sollte man die Daten zu Hilfe nehmen, die auf der Abbildung XXVI zu sehen sind, und erhält so eine sehr genaue Angabe zu dem Zeitpunkt der Reise.

Wenn sich die Lebenslinie jedoch teilt und ein Ast in Richtung oder auf den Mondberg verläuft (1, Abb. XXI), dann besteht das ganze Leben aus Reisen und Veränderungen. In einem solchen Fall ist es nur mit hellseherischen Fähigkeiten möglich, im Voraus festzustellen, wann die Reisen stattfinden werden. Wenn die Lebenslinie ihren normalen Verlauf verändert und zum Mondberg umschwenkt, dann wird das ganze Leben aus einer einzigen Reise bestehen..

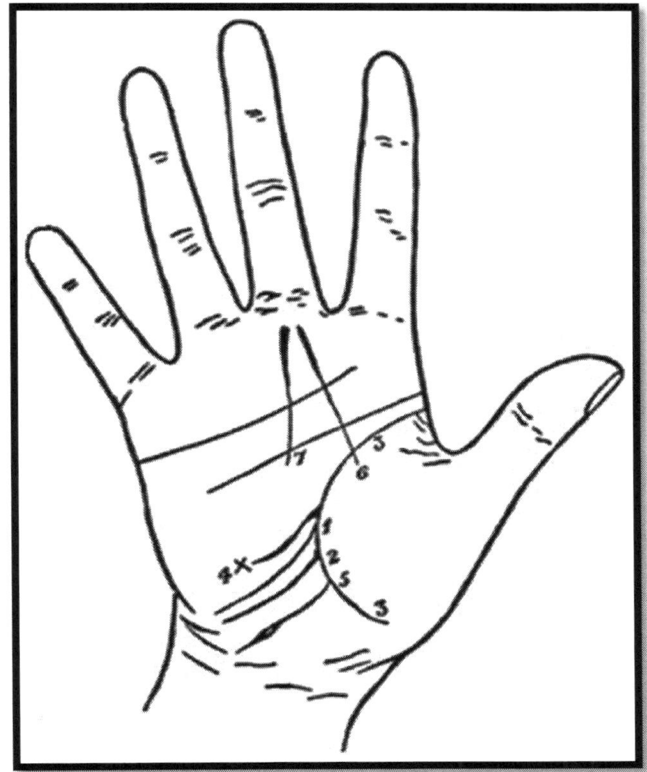

Abbildung XXI –
Reisen und Unfälle und absteigende Linien der Berge.

Der Mensch wird sich nirgendwo niederlassen und sein Leben in irgendeinem fernen Land beenden, ohne seinen Geburtsort je wiedergesehen zu haben. Besitzt die Lebenslinie keine Linie, die in die entgegengesetzte Richtung abzweigt, sondern bildet sie einen Halbkreis um den Venusberg, dann verläuft das Leben praktisch völlig frei von Veränderungen und Reisen und der Mensch wird das gesamte Leben in seinem Geburtsland verbringen (3-3, Abb. XXI).

Endet eine Reiselinie in einem kleinen Kreuz, dann wird die Reise enttäuschend verlaufen (4, Abb. XXI).

Endet die Linie in einem Viereck, dann wird der Reisende großen Gefahren ausgesetzt werden, diesen jedoch entkommen, da das Viereck ein Zeichen für den Schutz vor Gefahren ist.

Endet die Linie in einer Insel, dann endet die Reise mit einem Verlust (5, Abb. XXI).

Verläuft die Reiselinie in der Nähe oder auf dem Mondberg und endet in einer Gabelung oder einem Kreis, dann besteht große Gefahr, dass der Mensch während der Reise sein Leben verlieren wird.

Bei Reisen auf See besteht immer eine große Gefahr, wenn der Mensch an folgenden Tagen geboren ist:

(1) Zwischen dem 21. Juni und dem 21. Juli.
(2) Zwischen dem 21. Oktober und dem 21. November.
(3) Zwischen dem 21. Februar und dem 21. März.

Die Wahrscheinlichkeit eines Zugunglückes oder anderer Unfälle an Land ist besonders hoch für Menschen, die an den folgenden Tagen geboren sind:

(1) Zwischen dem 21. April und 21. Mai.
(2) Zwischen dem 21. August und dem 21. September.
(3) Zwischen dem 21. Dezember und dem 21. Januar.

Gefahr von Stürmen, Tornados und Gewittern droht Reisenden mit folgenden Geburtsdaten:

(1) Zwischen dem 21. Mai und dem 21. Juni.
(2) Zwischen dem 21. September und dem 21. Oktober.
(3) Zwischen dem 21. Januar und dem 21. Februar.

Unfälle werden im Allgemeinen durch Linien angezeigt, die vom Saturnberg abwärts verlaufen und die Lebenslinie berühren (6).

Treffen die Linien auf die Kopflinien, dann besteht besondere Unfallgefahr für den Kopf (7, Abb. XXI).

Absteigende Linien sind diejenigen, die auf dem Mondberg breit erscheinen und abwärts spitz zulaufen.

Kapitel XV – Die Insel, der Kreis, der Punkt und das Gitter

Die Insel ist niemals ein glückliches Zeichen. Wo immer sie auftaucht, reduziert sie die Versprechen der Linie oder des Berges, worauf sie sich befinden.

Auf der Lebenslinie bedeutet die Insel Gesundheitsprobleme oder Krankheiten, die zu dem Zeitpunkt auftreten, wenn die Insel sichtbar wird (1, Abb. XXII).

Auf der Kopflinie eine Hirnschwäche und die Gefahr von Geisteskrankheiten (2, Abb. XXII).

Auf der Herzlinie eine Herzschwäche (3, Abb. XXII). Dies ist besonders unter dem Sonnenberg der Fall.

Auf der Schicksalslinie bedeutet die Insel schwere materielle Verluste, Sorgen und Zukunftsängste des Menschen (4, Abb. XXII).

Auf der Sonnenlinie Verlust der Stellung, der meistens durch einen Skandal ausgelöst wird (5, Abb. XXII).

Auf der Gesundheitslinie zeigt die Insel schwere Krankheiten an (6, Abb. XXII). Auf dem oberen Teil der Linie, bei gleichzeitig kleinen runden Fingernägeln bedeutet dies Hals- und Bronchienprobleme. Bei langen Nägeln, Lungen- und Brustprobleme. Kurze Nägel ohne Monde bedeuten ein Kreislaufprobleme und ein schwaches Herz; bei sehr flachen Nägeln Nervenkrankheiten und Lähmungen (siehe Nägel, Seite 97).

Weiter unten auf der Gesundheitslinie auf dem Mondberg bedeutet eine Insel schwere Nieren- und Blasenprobleme (7, Abb. XXII).

Jede Linie, die eine Insel bildet oder die auf eine Insel trifft, bedeutet ein schlechtes Zeichen. Entweder für die Linie selbst oder für den Bereich der Hand, auf dem sie zu sehen ist. Eine Insel schwächt immer die Eigenschaften des jeweiligen Berges, auf dem sie erscheint.

DER KREIS

Ein Kreis auf dem Sonnenberg ist ein positives Zeichen (8, Abb. XXII). An allen anderen Stellen ist es ein ungünstiges. Auf dem Mondberg droht Tod durch Ertrinken.

DER PUNKT

Der Punkt bedeutet eine kurzfristige Unterbrechung der Eigenschaften der jeweiligen Linie, auf der er sich befindet.

Auf der Kopflinie bedeutet er einen Schlag oder eine Verletzung (9, Abb. XXII).

Auf der Lebenslinie eine plötzliche Erkrankung.

Auf der Gesundheitslinie Fieber.

Auf allen anderen Linien scheint er weniger Einfluss zu besitzen.

DAS GITTER

Das Gitter (10, Abb. XXII) findet man häufig auf den Bergen der Hand. Es bedeutet Schwierigkeiten, Hindernisse und ausbleibenden Erfolg in dem Bereich, den der jeweilige Berg verkörpert.

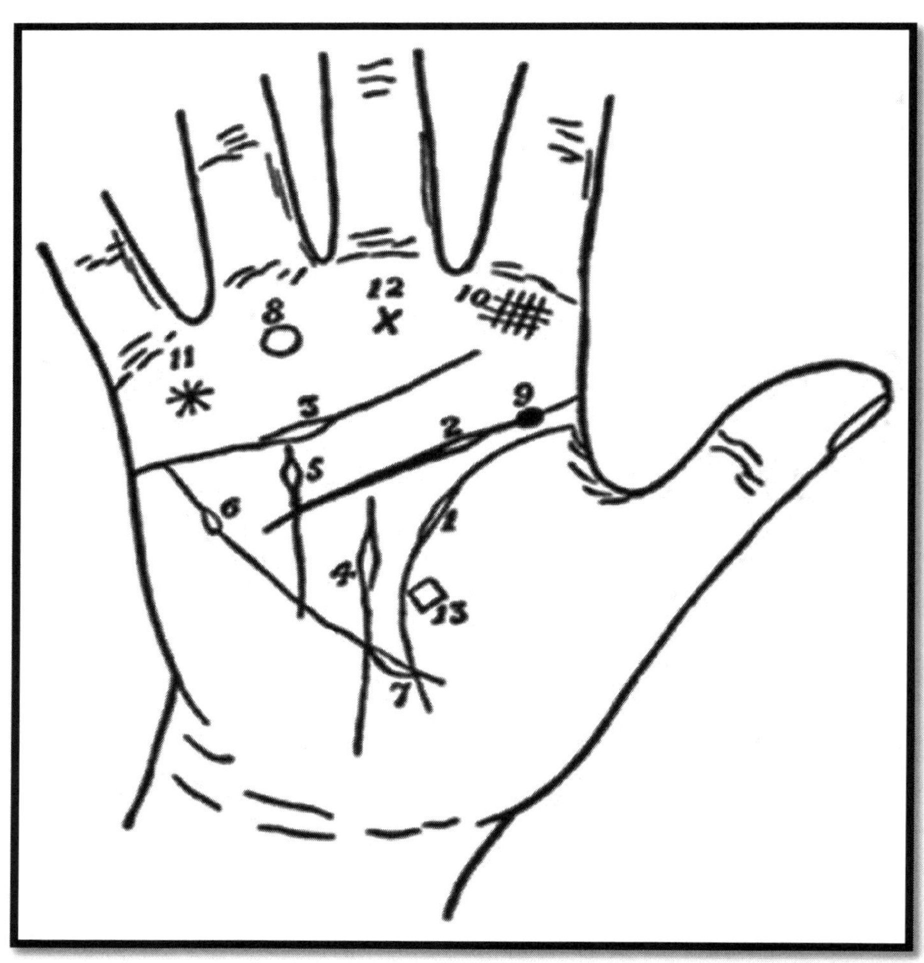

Abbildung XXII –
Die Insel, der Punkt, der Gürtel, der Stern, das Viereck.

Kapitel XVI – Der Stern, das Kreuz, das Viereck

Der Stern

Der Stern (2, Abb. XXII) ist mit einer Ausnahme das glücklichste aller Zeichen.

Auf dem Jupiterberg verspricht er große Ehre, Macht und eine bedeutende Stellung.

Auf dem Sonnenberg bringt er Reichtum und Ruhm im öffentlichen Leben.

Auf dem Merkurberg verspricht er außergewöhnlichen Erfolg im Wirtschafts- und Geschäftsleben und in der Wissenschaft sowie eine große Redegewandtheit, jeweils in Verbindung mit anderen Zeichen auf der Hand (2, Abb. XXI).

Auf dem Marsberg unter Jupiter bedeutet er große Anerkennung und Erfolg in der Armee oder Ruhm in einer entscheidenden Schlacht, der den Rest des Lebens anhält, wie ein Wellington bei Waterloo.

Auf dem Marsberg unter Merkur bedeutet er Ehre, die durch geschicktes Handeln im Kampf des Lebens (siehe Berge, Seite 102) erzielt wird.

Auf dem Mondberg ist er ein Zeichen für große Berühmtheit, die sich aus den Eigenschaften dieses Berges ergibt, nämlich Fantasie und kreative Fähigkeiten.

Auf dem Venusberg bedeutet der Stern ebenfalls Erfolg, aber beruhend auf einer animalischen Ausstrahlung und einer großen Anziehungskraft beim anderen Geschlecht.

Lediglich auf dem Saturnberg ist der Stern ein schlechtes Zeichen. Es bedeutet zwar ebenfalls Berühmtheit, aber eine, vor der man sich fürchten muss. Ein solcher Mensch wird zum Spielball des Schicksals, er wird eine schreckliche Rolle in einer Tragödie spielen. Sein Leben wird in einer furchtbaren Katastrophe enden, und zwar in einer, die in aller Munde sein wird. Vielleicht ein König, aber von der Verdammnis gekrönt.

Das Kreuz

Dieses Zeichen ist das genaue Gegenteil des vorher beschriebenen Zeichens, des Sterns, und hat lediglich eine einzige günstige Stellung, nämlich auf dem Jupiterberg, wo es auf eine besonders glückliche Beziehung hinweist, die in das Leben des Menschen tritt. Auf allen anderen Bergen ist es ein negatives Zeichen.

Auf dem Saturnberg bedeutet es einen gewaltsamen Tod (12, Abb. XXII).

Auf dem Sonnenberg eine Enttäuschung in Bezug auf die erwarteten Reichtümer.

Auf dem Merkurberg Unehrlichkeit.

Auf dem Marsberg (unter Merkur) großen Widerstand.

Auf dem Marsberg (unter Jupiter) Gewalttätigkeit und plötzlichen Tod bei Auseinandersetzungen.

Auf dem Mondberg bedeutet dieses Zeichen einen negativen Einfluss auf die Vorstellungskraft. Dieser Mensch wird sich selbst belügen. Weit unten auf diesem Berg bedeutet das Zeichen Tod durch Ertrinken.

Auf dem Venusberg bedeutet es eine Todesgefahr durch die Liebe.

Über der Kopflinie zeigt es einen Unfall oder eine Kopfverletzung an.

Über der Herzlinie den plötzlichen Tod eines geliebten Menschen.

Das Viereck

Das Viereck (13, Abb. XXII) wird auch das Zeichen des Selbsterhalts genannt. Es zeigt das Entkommen aus Gefahren zu dem Zeitpunkt, wo das Zeichen erscheint (13, Abb. XXII).

Auf der Lebenslinie bedeutet es Schutz vor einer Todesgefahr. Auf der Schicksalslinie Schutz vor Verlusten und ansonsten Schutz in dem jeweiligen Bereich der verschiedenen Linien.

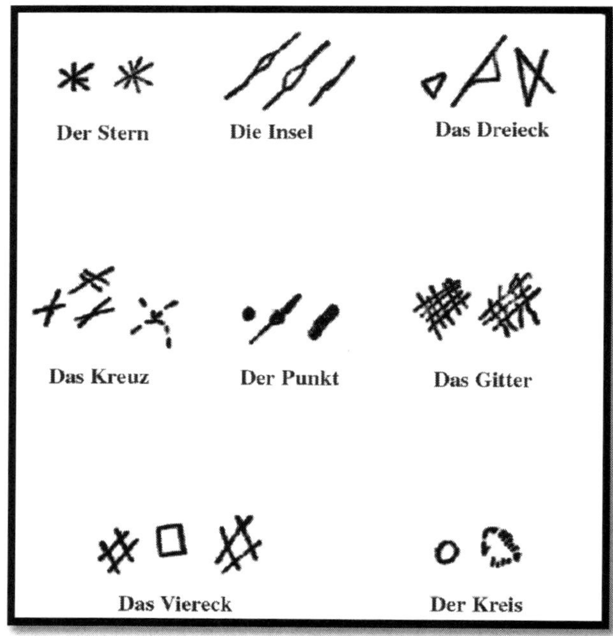

Abbildung XXIII – Markierungen und Zeichen von untergeordneter Bedeutung.

Kapitel XVII – Verschiedene Arten von Linien

Die Handlinien sollten deutlich zu erkennen, rosa oder rötlich sein und keinerlei Brüche, Kreuze, Löcher oder andere Unregelmäßigkeiten aufweisen.

Sind sie sehr blass, dann weist dies auf fehlende Kraft und Energieverlust sowie einen schlechten Gesundheitszustand hin.

Sind sie sehr rot, dann zeigen sie überschüssige Energie und eine recht gewalttätige Veranlagung an.

Sind sie gelblich, besteht eine Neigung zu Gallen- und Leberproblemen, verbunden mit einem melancholischen und griesgrämigen Charakter.

Gabelungen sind im Allgemeinen ein gutes Zeichen und verbessern die durch die Linie angezeigte Situation. Am Ende einer Linie bedeutet eine Gabelung die Neigung zu Ablenkung und Konzentrationsschwäche (XXIV).

Punkte auf der Linie schwächen diese und halten ihr Wachstum an.

Linien mit einer Art Quasten, die von ihr herabhängen, sind kein gutes Zeichen (XXVI). Sie schwächen die Eigenschaften, die die jeweilige Linie anzeigt, und am Ende einer Lebenslinie bedeuten sie den Verlust jeglicher Nervenstärke.

Wellenlinien (Abb. XXIV) bedeuten Unsicherheit, Unschlüssigkeit und fehlende Entscheidungskraft.

Gebrochene Linien (Abb. XXIV) zerstören die Bedeutung der Linie an der Stelle, an der der Bruch auftritt. Beginnt jedoch eine weitere Linie über der Stelle, wo die andere endet, ist der Bruch weniger schlimm und die Bedeutung der Linie bleibt erhalten.

Zwillingslinien (Abb. XXIV) verstärken oder verdoppeln den Einfluss jeder Linie, und wenn sie besonders eng an der Kopflinie nebeneinander verlaufen, versprechen sie große Macht.

Aufsteigende Linien (XXIV) sind immer ein gutes Zeichen, ganz gleich von welcher Linie sie abgehen. Auf der Lebenslinie bedeuten sie mehr Energie an dem Zeitpunkt, an dem sie auftreten. Laufen sie in Richtung auf einen bestimmten Berg oder einen bestimmten Abschnitt der Hand, dann verstärkt sich die Energie in dem jeweiligen Zusammenhang.

Absteigende Linien (XXVI) bedeuten das Gegenteil und einen Verlust an Kraft.

Kettenglieder weisen auf fehlende Zielstrebigkeit hin (Abb. XXIV).

Ist die gesamte Hand mit einem Netzwerk von kleinen Linien durchzogen, dann bedeutet dies eine sehr nervöse Veranlagung, eine Neigung, sich übermäßig zu sorgen sowie einen Mangel an Entschlusskraft.

Die rechte und die linke Hand

Beide Hände sollten daraufhin untersucht werden, ob sie übereinstimmen. Ist dies der Fall, dann tritt alles, was die jeweiligen Zeichen anzeigen, verstärkt auf.

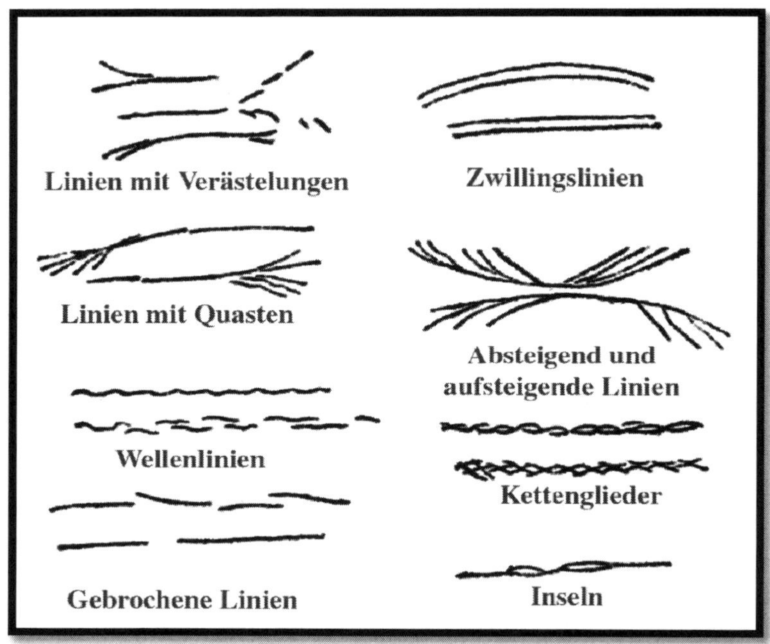

Abbildung XXIV – Nebenlinien und Zeichen.

Ist etwas auf nur auf der linken Hand und nicht auf der rechten zu sehen, dann ist die jeweilige Veranlagung im Menschen zwar vorhanden, aber ohne das Zeichen auf der rechten Hand wird sich die entsprechende Situation nicht verwirklichen oder erfolgreich sein. Sind beide Hände absolut gleich, dann hat sich der Mensch nicht von seiner natürlichen Veranlagung weg entwickelt.

Man muss berücksichtigen, dass wir die linke Hälfte des Gehirns häufiger benutzen als die rechte und dass die Nerven über Kreuz in die rechte Hand verlaufen. Deshalb ist dies die Hand, die den aktiven Teil des Gehirns widerspiegelt, während die linke nur die natürlichen Veranlagungen und Neigungen anzeigt. Um ein genaues Ergebnis zu erreichen, muss sich der Handleser diese Tatsache immer vor Augen halten und sich in seinem Urteil nicht von einer „wunderbar deutlichen Linie“ blenden lassen, die der Mensch ihm stolz vorzeigt, denn ein solches Zeichen führt nur zu einer exakten Aussage, wenn es sich auf der rechten Hand befindet.

Kapitel XVIII – Das große Dreieck und das Viereck

Das große Dreieck

Das große Dreieck wird aus der Kopf-, Lebens- und Gesundheitslinie gebildet (Abb. XXV). Je größer das Dreieck ist, umso besser ist der Gesundheitszustand, da die Gesundheitslinie dann weiter von der Lebenslinie entfernt verläuft. Die Lebensaussichten werden ebenfalls besser sein und die Möglichkeiten unbegrenzter.

Ist der obere Winkel (gebildet aus Kopf- und Lebenslinie) spitz, dann ist der Mensch eher nervös, schüchtern und sensibel.

Das Viereck

Das Viereck ist, wie der Name schon sagt, die eckige Fläche zwischen der Kopf- und Herzlinie (Abb. XXV).

Das Viereck sollte gut zu sehen sein, von gerader Form, ohne an den Enden schmaler zu werden. Ist dies der Fall, bedeutet es ein ausgeglichenes Urteilsvermögen und Besonnenheit und ist ein besonders gutes Zeichen.

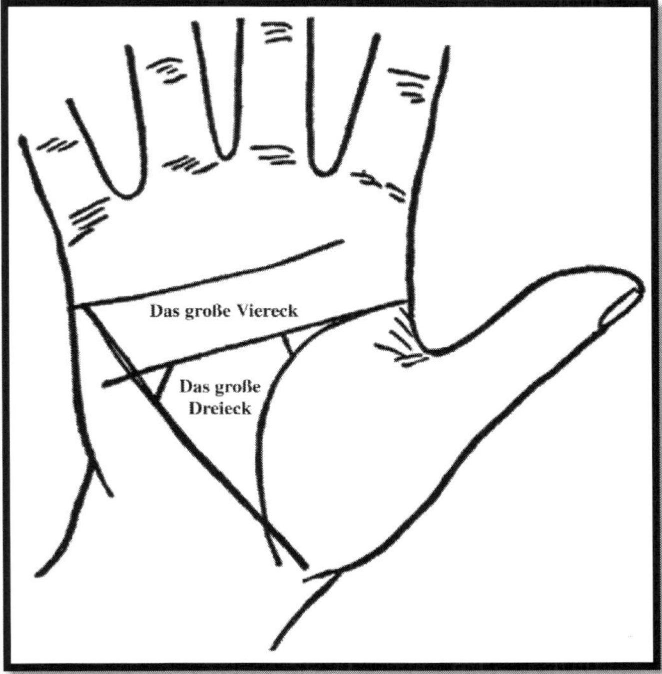

Abbildung XXV – Das große Dreieck und das Viereck.

Es zeigt die geistige Haltung des Menschen gegenüber seinen Mitmenschen an. Sind die Abstände sehr schmal, weist dies auf engstirnige Sichtweisen sowie Bigotterie in religiösen Dingen hin.

Ist der Abstand extrem groß, bedeutet es mangelndes Urteilsvermögen und zu große Nachlässigkeit in den Dingen, die für den Menschen gut sind.

Kapitel XIX – Wie man Zeiten und Daten wichtiger Ereignisse ermittelt

Die genaueste Möglichkeit, einen Termin auf der Hand zu ermitteln, besteht darin, die Lebenslinie und die Schicksalslinie in Abschnitte von sieben Jahren aufzuteilen, entsprechend der Abbildung XXVI.

Die Kopflinie kann ebenfalls in Abschnitte von sieben Jahren aufgeteilt werden (siehe Seite 28).

Diese Einteilung in Abständen von sieben Jahren ist die natürlichste, denn der gesamte Mensch verändert sich alle sieben Jahre. Die langjährige Erfahrung hat gezeigt, dass eine solche Einteilung wie auf der Abbildung zu sehen, die besten Ergebnisse bei der Ermittlung von Daten bringt.

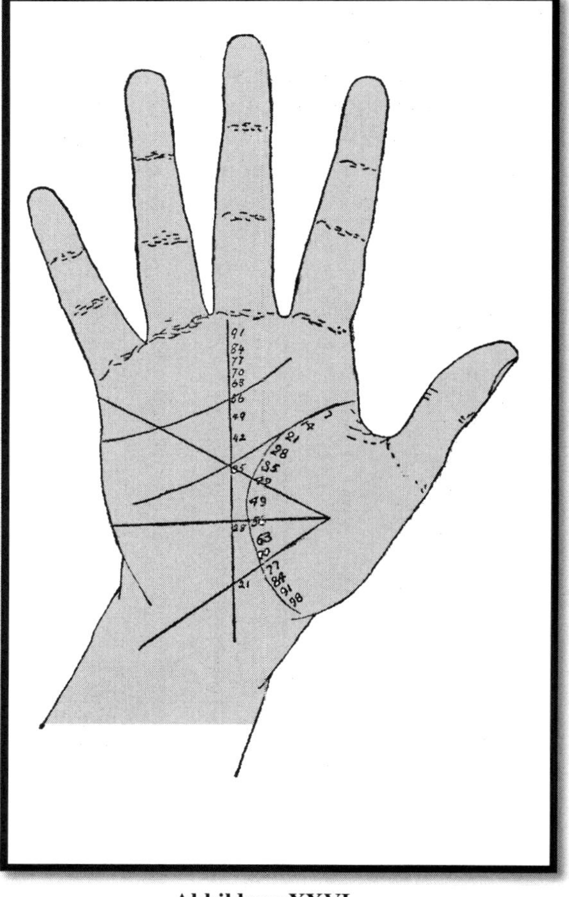

Abbildung XXVI – Zeiten und Daten wichtiger Ereignisse.

Ich habe folgende merkwürdige Beobachtungen in Bezug auf die wichtigsten Jahre im Leben eines Menschen gemacht, die ich hiermit zum ersten Mal veröffentliche:

Menschen, die am **1.**, **10.**, **19.** und **28.** eines jeden Monats geboren sind, insbesondere jedoch in den Monaten **Juli**, **August** und **Januar**, werden feststellen, dass die folgenden Lebensjahre für sie besonders ereignisreich sind: Das **1.**, **7.**, **10.**, **16.**, **19.**, **28.**, **34.**, **37.**, **43.**, **46.**, **52.**, **55.**, **61.** und **70.** Lebensjahr.

Menschen, die am **2.**, **11.**, **20.** und **29.** eines jeden Monats geboren sind, insbesondere jedoch in den Monaten **Juli**, **August** und **Januar**, werden feststellen, dass die folgenden Lebensjahre für sie besonders ereignisreich sind: Das **2**., **7**., **11**., **16**., **20**., **25**., **29**., **34**., **38**., **43**., **47**. **52**., **56**. und **70**. Lebensjahr.

Menschen, die am **3**., **12**., **21**. und **30**. eines jeden Monats geboren sind, insbesondere jedoch in den Monaten **Dezember** und **Februar**, werden feststellen, dass die folgenden Lebensjahre für sie besonders ereignisreich sind: Das **3**., **12**., **21**., **30**., **39**., **48**., **57**., **66**. und **75**. Lebensjahr.

Menschen, die am **4**., **13**., **22**. und **31**. eines jeden Monats geboren sind, insbesondere jedoch in den Monaten **Juli**, **August** und **Januar**, werden feststellen, dass die folgenden Lebensjahre für sie besonders ereignisreich sind: Das **1**., **4**., **10**., **13**., **19**., **22**., **28**., **31**., **37**., **40**., **46**., **49**., **55**., **58**., **64**., **67**., **73**. und **76**. Lebensjahr.

Menschen, die am **5**., **14**., und **23**. eines jeden Monats geboren sind, insbesondere jedoch in den Monaten **Juni** und **September**, werden feststellen, dass die folgenden Lebensjahre für sie besonders ereignisreich sind: Das **5**., **14**., **23**., **32**., **41**., **50**., **59**., **68**. und **77**. Lebensjahr.

Menschen, die am **6**., **15**., und **24**. eines jeden Monats geboren sind, insbesondere jedoch in den Monaten **Mai** und **Oktober**, werden feststellen, dass die folgenden Lebensjahre für sie besonders ereignisreich sind: Das **6**., **15**., **24**., **33**., **42**., **51**., **60**., **69**., **78**. und **87**. Jahr.

Menschen, die am **7**., **16**., und **25**. eines jeden Monats geboren sind, insbesondere jedoch in den Monaten **Juli**, **August** und **Januar**, werden feststellen, dass die folgenden Lebensjahre für sie besonders ereignisreich sind: Das **2**., **7**., **11**., **16**., **20**., **25**., **29**., **34**., **38**., **43**., **47**., **56**., **61**., **65**., **70**., **74**. und **79**. Lebensjahr.

Menschen, die am **8**., **17**., und **26**. eines jeden Monats geboren sind, insbesondere jedoch in den Monaten **Januar**, **Februar**, **Juli** und **August**, werden feststellen, dass die folgenden Lebensjahre für sie besonders ereignisreich sind: Das **8**., **17**., **26**., **35**., **44**., **53**., **62**., **71**. und **80**. Lebensjahr.

Menschen, die am **9**., **18**., und **27**. eines jeden Monats geboren sind, insbesondere jedoch in den Monaten **April**, **Oktober** und **November**, werden feststellen, dass die folgenden Lebensjahre für sie besonders ereignisreich sind: Das **9**., **18**., **27**., **36**., **45**., **54**., **63**., **72**. und **81**. Lebensjahr.

Dieses seltsame System umfasst alle Tage eines jeden Monats. Es beruht auf einer merkwürdigen Periodizität, die sich für mich nach vielen Jahren intensiver Forschung als ausgesprochen exakt und wunderbar in seiner Bedeutung herausgestellt hat.

TEIL II – Die Chirognomie oder die Kunst, die Form der Hände zu deuten

Kapitel I – Die Lehre von den Handformen

Wir verlassen jetzt das Gebiet der sogenannten Handlesekunst, die Studie der Handlinien – oder Chiromantie, wie sie von den Griechen genannt wurde, nach dem Wort *χείρ*, die Hand, und wollen uns nunmehr mit den Bedeutungen befassen, die sich aus der Form der Hände, der Finger usw. ergeben, der sogenannten Chirognomie.

Zwar kann man sich auch nur mit einer der beiden Künste befassen, der Handleser ist aber doppelt gewappnet, wenn er beides nutzt, insbesondere bei der Erkennung des Charakters.

Wer die Qualität eines Pferdes feststellen will, erhält bei der Untersuchung der Beine Informationen zu Rasse, Ausbildung usw., aus denen er Schlüsse ziehen kann, die er anderweitig nicht bekommen könnte.

Ebenso bietet die Form der Hand einen großen Reichtum an Informationen über den Charakter und die Eigenschaften von Menschen.

In einem Buch von diesem Umfang kann ich lediglich die Grundzüge jedes Charakters darlegen. Leser, die sich genauer mit dem Thema beschäftigen wollen, möchte ich auf meine umfangreicheren Werke hinweisen, in denen die Formen der Hand in allen Einzelheiten beschrieben werden.

Bereits eine oberflächliche Betrachtung der Handformen wird jeden von der Bedeutung dieser Kunst überzeugen. Sie bietet die weitgehendsten Möglichkeiten, die Unterschiede der einzelnen Rassen zu verstehen; die vielfältigen Charaktere, die sich durch Heirat und Reisen über die ganze Erde verteilt haben. Die unterschiedlichen Handformen von Franzosen und Deutschen oder Franzosen und Engländern sollten jeden denkenden Menschen davon überzeugen, dass auch die Unterschiede in Temperament und Veranlagung weitgehend an den Händen abgelesen werden können.

Ganz erstaunlich ist, dass sich die Hand zwar durch Arbeit und Training vergrößern und verbreitern kann, aber trotzdem wird ihre eigentliche Form dadurch niemals zerstört, sondern kann immer von jemandem, der sich in dieser Kunst auskennt, analysiert werden.

Es gibt folgende sieben Grundtypen oder Formen der Hand:

1. Die primitive Hand – oder der einfachste Typ.
2. Die eckige – oder die nützliche Hand.
3. Die spatelförmige Hand – ein nervöser, aktiver Charakter.
4. Die philosophische – oder gelenkige Hand.

5. Die konische Hand – der künstlerische Charakter.
6. Die psychische – oder idealistische Hand.
7. Die gemischte Hand.

Die sieben Formen der Hand

Die primitive Hand

Wie der Name schon sagt, ist die primitive Hand die unterste Stufe von allen Varianten. Der Charakter ist kaum weiter entwickelt als bei einem Tier. Die Hand sieht sehr kurz und dick aus (Tafel. I, Teil. II) und wirkt brutal. Ich möchte darauf hinweisen, dass der Mensch sich umso näher an der Entwicklungsstufe eines Tieres befindet, je kürzer und dicker die Hand ist.

Bei der Betrachtung dieser Art von Hand kann man daher nur davon ausgehen, dass es sich um einen groben, brutalen und animalischen Charakter handelt.

Menschen mit solchen Händen haben natürlich einen wenig entwickelten Verstand oder geistige Fähigkeiten. Sie können nur ungelernte Arbeiten ausführen, und auch hiervon nur die einfachsten.

Sie besitzen ein gewalttätiges Temperament und haben kaum oder keine Kontrolle über ihre Leidenschaften oder ihren Zorn. Sie haben grobe Fantasien, besitzen wenig oder kein Gefühl, keine Vorstellungskraft und keine Empfindungen, und man hat festgestellt, dass selbst das Nervensystem dieser Menschen so gut wie gar nicht entwickelt ist. Sie empfinden keinen Schmerz wie höher entwickelte Menschen und haben kaum andere Interessen als essen, trinken und schlafen.

Anmerkung: Auch der Daumen ist bei diesem primitiven Charakter extrem kurz und niedrig angesetzt.

Die eckige Hand

Die eckige Hand (Tafel I, Teil. II) wird so genannt, weil die Handfläche fast viereckig wirkt. Sie ist am Handgelenk gerade oder glatt, an den Fingern und auch an den Seiten. Auch die Finger selbst haben eine eckige Form. Der Daumen ist dagegen meistens lang, wohlgeformt und hoch angesetzt an der Handfläche, und steht weit von ihr ab.

Die eckige Hand wird auch die praktische Hand genannt. Menschen, die sie besitzen, sind praktisch veranlagt, können logisch denken und sind recht materialistisch eingestellt.

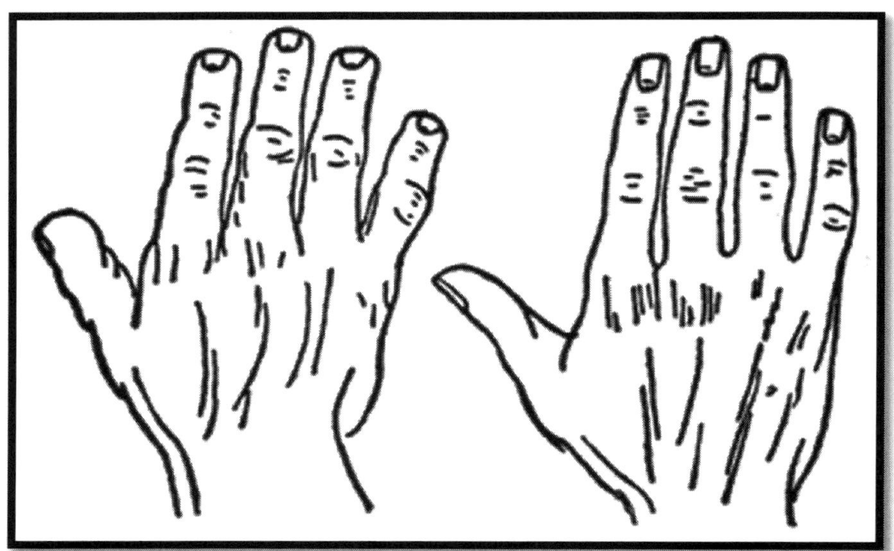

Figur 1.–Die primitive Hand. **Figur 2.–Die eckige oder nützliche Hand.**

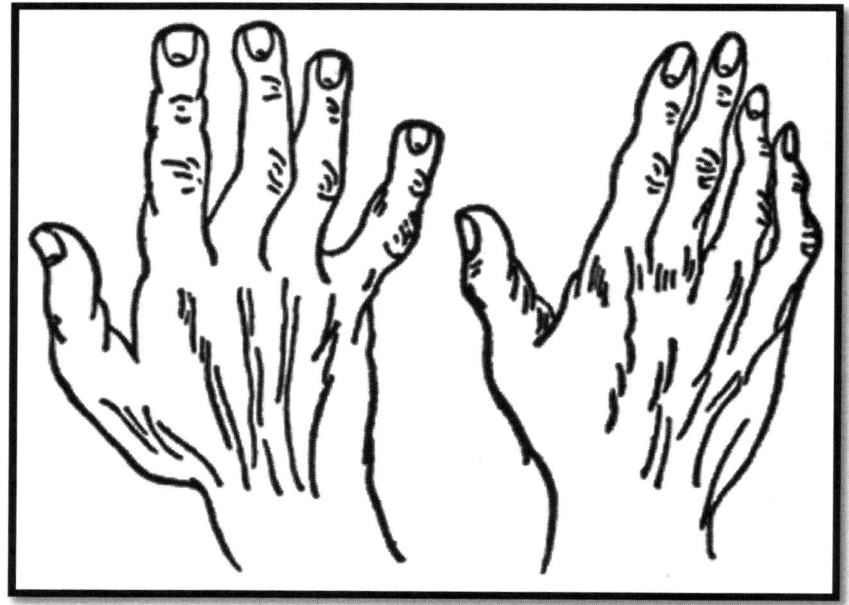

Figur 3. – Die spatelförmige Hand. **Figur 4.– Die philosophische Hand.**

TAFEL I – TEIL II

Sie sind mit der Welt und mit weltlichen Dingen verbunden. Sie haben wenig Fantasie oder Idealismus, sind solide, ernsthafte Arbeiter und gehen methodisch und sorgfältig vor bei allem, was sie tun.

Sie glauben nur an Dinge, die sie beweisen und nachvollziehen können. Zwar sind sie oft religiös und sogar abergläubisch, aber mehr aus Gewohnheit als aus Überzeugung. Sie sind entschlossen und starrsinnig, besonders wenn der Daumen lang und das erste Glied des Daumens steif ist (siehe Kapitel über Daumen, Seite 91).

Sie sind erfolgreich in allen Bereichen, die keine Fantasie oder Kreativität verlangen. Als Geschäftsleute, Anwälte, Ärzte und Wissenschaftler sind sie besonders gut und man findet sie deshalb meistens in diesen Berufen.

Die spatelförmige Hand

Die spatelförmige Hand weist auf einen aktiven, nervösen Charakter hin (Tafel. I, Teil II). Sie sieht normalerweise krumm und unregelmäßig aus, mit breiten Fingerspitzen, ähnlich den Spateln, wie Chemiker sie benutzen; daher der Name. Diese Menschen sind ständig dabei, irgendetwas intensiv zu bearbeiten. Sie besitzen eine unermüdliche Energie, sind ungeheuer arbeitsam und ihre Originalität ist bewundernswert.

Sie sind anders geprägt als die Menschen mit der eckigen Hand. Sie besitzen eine große Vorstellungskraft und ihre kreativen Fähigkeiten sind weit entwickelt.

Sie sind erfinderisch, unkonventionell, emotional, überzeugend und im Grunde genommen das genaue Gegenteil zu dem Menschen mit der eckigen Hand.

Bei dem spatelförmigen Typ ist auch die Handfläche unregelmäßig. Sie kann unter den Fingern breiter sein als am Handgelenk oder umgekehrt.

Im ersteren Fall ist der Mensch in seinem Tun und seinen Ansichten praktisch veranlagt und weniger impulsiv. Ist das Handgelenk breiter, dann ist der Mensch impulsiv und ungestüm in seinem Gemüt, seiner Sprache und seinen Handlungen.

Die philosophische Hand

Die philosophische Hand (Tafel I, Teil II) hat ihren Namen von dem griechischen Wort *φιλος* – Liebe und *σοφια* – Weisheit. Bei ihrer Untersuchung der Hände haben die alten Griechen festgestellt, dass Menschen mit diesem Handtyp eine Neigung zur Philosophie besitzen, die durch nichts unterdrückt werden kann.

Die philosophische Hand ist lang, knochig und eckig, mit knorrigen Gelenken und meistens recht dünn. Menschen mit dieser Hand sind immer sehr lernbegierig. Sie lesen viel und haben einen Hang zur Literatur. Sie lieben es, im Sitzen zu arbeiten und sind meistens etwas einsam und asketisch. Vielleicht findet man sie aufgrund dieser Eigenschaft häufig im Kirchenleben oder in religiösen Bewegungen. Die alten Mönche, ich meine diejenigen, die die wunderbaren Manuskripte geschrieben haben über Glaubenslehren, Wissenschaft, Kunst, Alchemie und okkulte Dinge, hatten alle diese Hand Heutzutage kann man den Handtyp leicht erkennen, und seine Qualitäten sind selbst in unserem am Geld orientierten Zeitalter immer noch die gleichen geblieben.

Allerdings ist heute eine geringfügige Abwandlung der wahren philosophischen Hand, derjenigen mit der eckigen Handfläche und den dazugehörigen Fingern, verbreitet,. In diesem Fall besteht eine praktische Grundveranlagung, auf der der lernbegierige Charakter seine Theorien, seine Religion, seine literarischen Erfolge oder wissenschaftlichen Forschungen aufbaut.

Normalerweise ist die Kopflinie auf solchen Händen sehr gekrümmt, kann aber auch fast gerade verlaufen. Ist Letzteres der Fall, dann führt die „vernünftige" Veranlagung eher zu einem praktischen Einsatz seiner Lernbegierigkeit. Man kann allerdings sagen, dass Menschen mit diesem Handtyp niemals so viel Reichtum anhäufen werden wie der andere eckige Handtyp.

Die knorrigen oder gelenkigen Finger bedeuten Sorgfalt und Liebe zum Detail bei der Arbeit oder dem Studium. Sie bremsen die Impulse des Gehirns, und so entsteht Zeit für Gedanken und Überlegungen.

Die philosophische Hand ist eine der höchsten Entwicklungen des Geistes der menschlichen Familie.

Die konische oder künstlerische Hand

Die konische oder sogenannte künstlerische Hand (Tafel II, Teil II), sieht mit ihren abgeschrägten und spitzen Fingern immer sehr anmutig aus. Nicht nur aufgrund ihres Aussehens, sondern auch wegen der Eigenschaften, die sie verkörpert, wird sie die künstlerische Hand genannt.

Ihr Besitzer malt vielleicht keine Bilder oder entwirft schöne Dinge, aber er besitzt immer ein sinnliches, künstlerisches Temperament, liebt eine schöne Umgebung und ist besonders empfänglich für Farbe, Musik und alle schönen Künste. Es hängt weitgehend von der Kopflinie und der dadurch angezeigten Willenskraft ab, inwieweit der Mensch seine künstlerische Veranlagung entwickeln wird.

Solche Hände sind im Allgemeinen dick, fleischig und weich. Der Mensch besitzt eine ausgeprägte Neigung zu Trägheit, die dazu führt, dass er zu keinerlei harten Arbeit zur Erreichung seines Ziels fähig ist, wenn er nicht gegen diese Veranlagung ankämpft. Alle sehr sinnlich veranlagten Menschen haben diese Neigung, und die meisten von ihnen begnügen sich damit, die Künste zu bewundern, anstatt eine Anstrengung zu unternehmen, um selbst kreativ tätig zu werden.

Je härter und fester die Hand ist, umso wahrscheinlicher ist es, dass ihr Besitzer tatsächlich etwas aus seiner künstlerischen Veranlagung macht.

Die psychische oder idealistische Hand

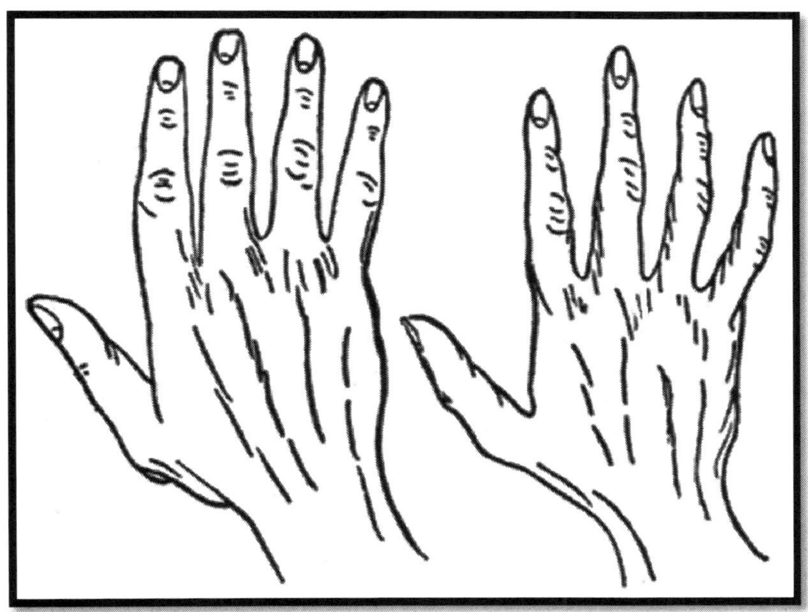

Figur 1. (links) – Die konische oder künstlerische Hand.
Figur 2. (rechts) – Die psychische oder idealistische Hand.
TAFEL II – TEIL II

Diese Hand (Tafel II, Teil II) kann man in vieler Hinsicht als die höchste geistige Entwicklung der Hand sehen, vom materialistischen Standpunkt jedoch ist sie die erfolgloseste. Ihre Besitzer leben in einer Welt aus Träumen und Idealen. Sie wissen nichts oder nur wenig über die praktische oder rein materialistische Seite des Lebens, und wenn sie ihren Lebensunterhalt selbst verdienen müssen, dann ist es so wenig, dass sie normalerweise hungern müssten. Diese schönen Händen scheinen überhaupt nicht zum arbeiten geschaffen. Sie sind auch zu durchgeistigt und zerbrechlich, um Schläge zu ertragen und sich im Leben durchzukämpfen. Wenn sie jemanden haben, der sie unterstützt oder genug Geld zum Leben hat, dann kann alles gutgehen, und in solchen Fällen entwickeln sie oft erstaunliche geistige Visionen und Idealvorstellungen, die kaum jemand kennt oder versteht. Falls nicht, dann haben sie normalerweise ein trauriges Schicksal, sie werden von den gröberen Menschen beiseite gedrängt oder nehmen sich vor lauter Hilflosigkeit in diesem ungleichen Kampf oft das Leben. Sie sind selten körperlich von kräftiger Statur und daher doppelt ungeeignet für den Überlebenskampf.

Die sogenannte „gemischte Hand“

(Tafel II, Teil II), ist eine Kombination aller Typen oder zumindest eines Teils davon. Oft sind alle Finger unterschiedlich geformt, zum Beispiel ist einer spitz, einer eckig, einer spatelförmig usw. Manchmal hat die Hand eine bestimmte Form, zum Beispiel spatelförmig, und alle Finger sind unterschiedlich.

Diese Menschen sind immer sehr vielseitig, aber so wechselhaft, dass sie selten etwas aus den vielen Talenten, die sie besitzen, machen. Sie können normalerweise von allem etwas, aber nichts richtig gut. Sie können zu allen Themen, die angesprochen werden, etwas sagen, aber sie können niemals ihre Gesprächspartner durch tiefgehende Gedanken überzeugen.

Nur wenn die Kopflinie klar und gerade auf solchen Händen verläuft, besteht eine Chance, dass diese Menschen aus der Vielzahl ihrer Talente eines weiterentwickeln.

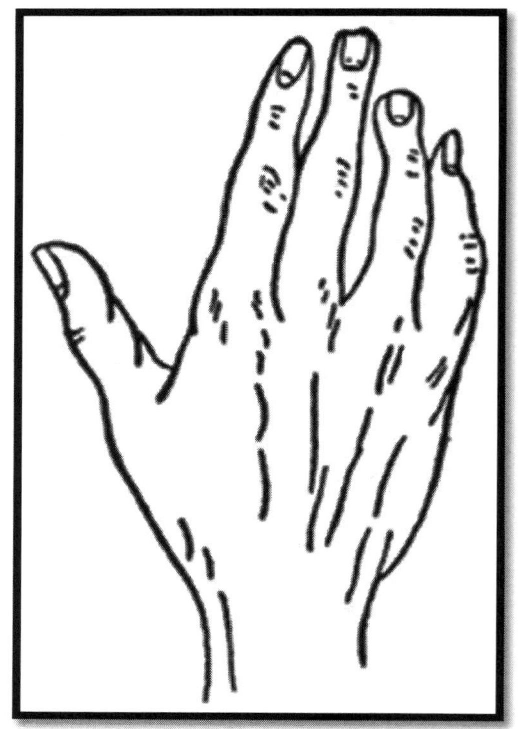

Figur 3. - Die gemischte Hand.

TAFEL II – TEIL II

Kapitel II – Der Daumen

Bei der Beurteilung eines Charakters mit der Handlesekunst ist der Daumen ähnlich wichtig wie die Nase im Gesicht. Er verkörpert die natürliche, angeborene Willenskraft, während die Kopflinie die geistige Willenskraft verkörpert.

In meinen ausführlicheren Werken bin ich genauer auf die medizinischen Gründe eingegangen, warum der Charakter durch den Daumen dargestellt wird, und auf die besondere Rolle, die er in der Welt und in den verschiedenen Religionen spielt.

Der Daumen verkörpert die drei großen Themen Liebe, Logik und Willen (Tafel VI, Teil II).

Die Liebe wird durch den unteren Bereich des Daumens, der vom Venusberg bedeckt ist, verkörpert.

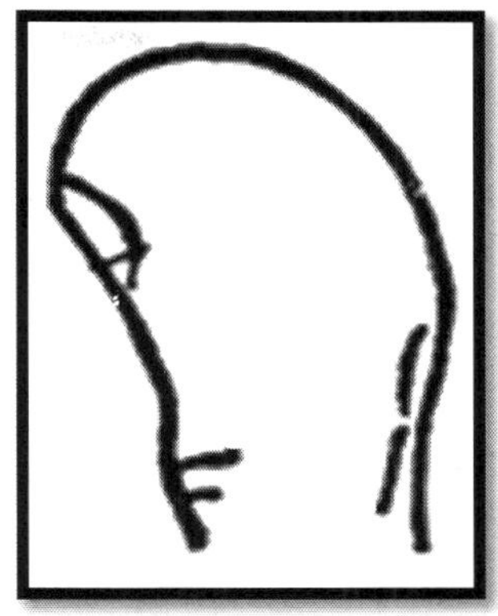

Figur 1. – Der Kolbendaumen.

Die Logik durch das mittlere Glied und der Willen durch den oberen Teil mit dem Nagel.

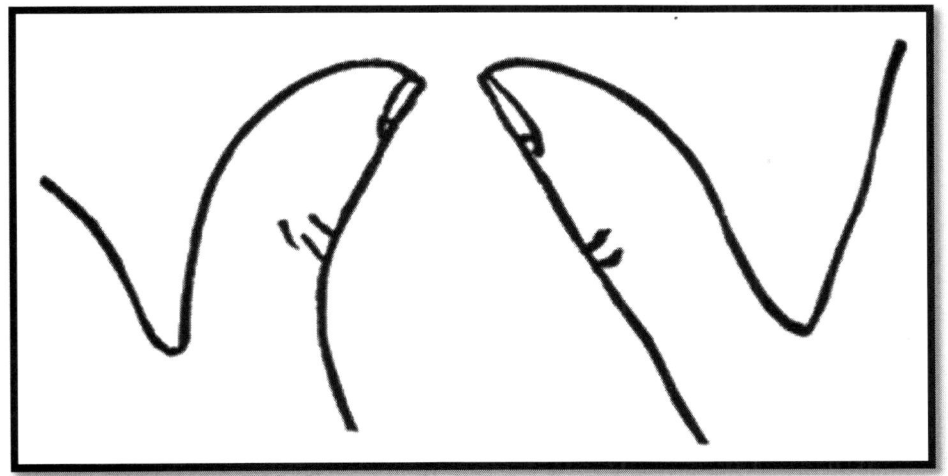

Figur 2. – Der gelenkige Daumen. **Figur 3. – Der feste Daumen.**

TAFEL III – TEIL II

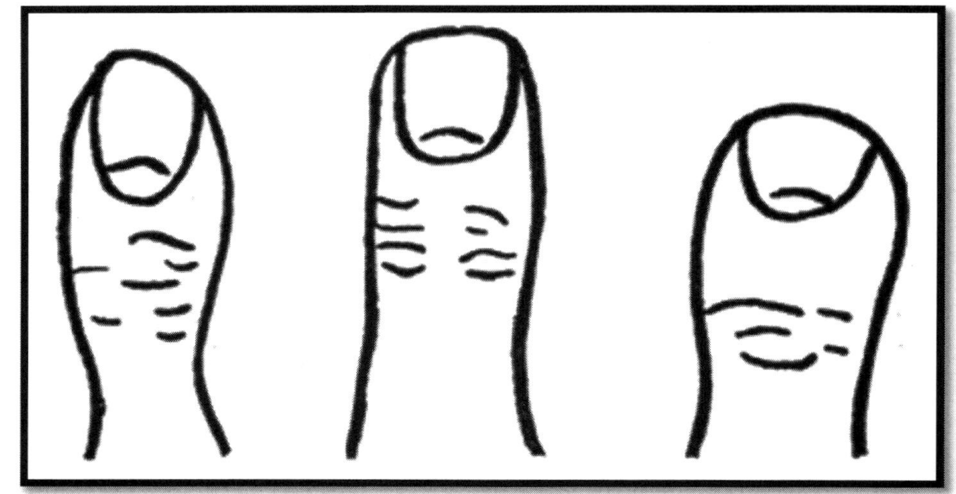

Figur 4. (links) – Der taillierte Daumen.
Figur 5. (mitte) – Der gerade Daumen.
Figur 6. (rechts) – Der primitive Daumen.

TAFEL III - TEIL II

Sind die jeweiligen Abschnitte groß, dann werden auch die dazugehörigen Eigenschaften verstärkt. Sind sie klein, spielen die Eigenschaften eine geringere Rolle im Leben des Menschen.

Es gibt zwei Arten von Daumen, die gelenkigen und die festen.

Der erstere lässt sich nach außen biegen und ist unter dem Nagelglied gelenkig (Abb. 2, Tafel III).

Dies bedeutet einen umgänglichen und anpassungsfähigen Charakter, sehr tolerant und unkonventionell, der nicht auf seine Meinung besteht. Diese Eigenschaft wird noch verstärkt, wenn sich die Kopflinie nach unten krümmt. Verläuft die Kopflinie dagegen gerade über die Hand, dann ist der Mensch eher konventionell veranlagt. Das „gelenkige Glied" bedeutet auch Großzügigkeit der Gedanken und in Gelddingen. Auf jeden Fall sind diese Menschen ungewöhnlicher als jene mit einem festen Daumen. In anderen Worten, sie „geben mehr", sowohl in Gedanken als auch in Taten.

Je enger sich der Daumen an der Innenfläche der Hand befindet oder je fester oder mit der Hand verbunden er aussieht, umso wahrscheinlicher ist es, dass der Mensch dazu neigt, Dinge an sich zu nehmen und zu behalten. Der typische Geizhals hat immer einen zur Hand gekrümmten Daumen und das

Nagelglied ist immer etwas nach innen gebogen, so als ob der Verstand etwas greifen und behalten möchte.

Der Mensch mit gelenkigem Daumen ist in seinen Wünschen impulsiver als derjenige mit steifem Daumen. Letzterer überlegt auch länger, bevor er eine Meinung äußert.

Wenn man einen Menschen mit gelenkigem Daumen um einen Gefallen bittet, dann neigt er dazu, spontan zuzusagen, aber wenn man die Angelegenheit nicht selbst im Auge behält, dann wird er später davon abkommen.

Der Mensch mit dem steifen Daumen (Abb. 3, Tafel III) wird wahrscheinlich erst ablehnen und nach nochmaligem Nachdenken doch zusagen; aber wenn er sich einmal dagegen entschieden hat, dann wird er seine Meinung oder sein Urteil beihalten, und je mehr er gegen etwas ist, umso mehr wird er davon überzeugt bleiben.

Das feste Daumenglied ist somit das äußere Zeichen für einen widerstandsfähigen Charakter, und je länger das Nagelglied ist, umso mehr Willenskraft besitzt der Mensch.

Solche Menschen schließen nicht so schnell Freundschaften wie Menschen mit dem anderen Daumentyp. Während einer Bahnfahrt sprechen sie kaum mit ihren Mitreisenden, und wenn es überhaupt sein muss, dann nur zu solchen profanen Dingen, warum „das Fenster geöffnet oder geschlossen werden muss“. Und wehe dem armen Reisenden, der ebenfalls einen steifen Daumen hat und eine andere Meinung äußert.

Menschen mit gelenkigem Daumen werden dagegen sofort ein Gespräch mit Fremden beginnen, und so entstehen oft während der Fahrt enge Freundschaften. Sie sind leutselige und charmante Unterhalter und gehen gern auf die Wünsche der Mitreisenden ein. Diese Veranlagung weist auf eine Schwäche hin, vor der man sich in Acht nehmen muss. Viele Frauen und Männer mit gelenkigem Daumen gehen gern den „Weg des geringsten Widerstands“. Diese Eigenschaft wird aber weitgehend von der Position und dem Aussehen der Kopflinie, dem Indikator für die Willenskraft, bestimmt.

Ist das mittlere Glied gelenkig, dann bezieht sich dies nicht auf den Willen sondern auf die Logik seines Besitzers. In diesem Fall gleicht sich der Mensch eher an äußere Umstände als an andere Menschen an. Er argumentiert, dass er sich den Lebensumständen, mit denen er konfrontiert wird, anpassen muss.

Der Kolbendaumen (Abb. 1, Tafel III) wird so bezeichnet, weil er wie ein Kolben geformt ist. Menschen mit einem solchen Daumen gehören zu der primitiven Sorte, was ihren Willen betrifft. Sie sind brutal und tierisch in ihrer unverständlichen Sturheit. Wenn man ihnen widerspricht, geraten sie in unkontrollierbare blinde Wut. Sie können sich nicht bremsen und werden in ihrer Wut gewalttätig oder begehen Verbrechen. Man nennt den kolbenförmigen

Daumen auch den „Mörderdaumen“, da man diesen Daumen bei vielen Mördern gefunden hat.

Der Besitzer eines Kolbendaumens begeht jedoch keine geplanten oder vorher ausgearbeiteten Verbrechen, denn er besitzt keinen starken Willen oder genug Vernunft, um sich so etwas auszudenken.

Je kürzer der Daumen ist, umso brutaler und unkontrollierter ist sein Besitzer.

Der „taillierte“ Daumen (Abb. 4, Tafel III) und die „gerade“ Form (Abb. 5) sind auch unterschiedlich, aber in diesem Fall bezieht es sich auf die Logik und den Verstand. Der Erstere setzt sich nicht mit logischen Argumenten durch, sondern ist taktvoll und diplomatisch. Der Zweite hat kaum Taktgefühl und versucht, alle Angelegenheiten mit Argumenten und Logik zu klären.

Das dritte Daumenglied zeigt die Charaktereigenschaft in Liebesdingen an (Tafel VI, Teil II). Ist es lang, dann kann er seine Liebe oder Sexualität gut kontrollieren; ist es kurz und dick, ist seine leidenschaftliche Veranlagung eher brutal und animalisch.

Der Raum, der mir in diesem Buch zur Verfügung steht, ermöglicht es mir nicht, tiefer auf alle Varianten des Daumens und die sich daraus ergebenden Charaktereigenschaften einzugehen, aber ich denke, ich habe genug erläutert, um meinen Lesern die tiefe Wahrheit in D’Arpentignys Worten, „Der Daumen charakterisiert den Menschen“, zu verdeutlichen.

Kapitel III – Die Finger und ihre Längen im Vergleich

Die gelenkigen und die knotigen Finger

Der Zeigefinger – auch Jupiterfinger genannt.
Der Mittelfinger – auch Saturnfinger genannt.
Der Ringfinger – auch Sonnenfinger genannt.
Der kleine Finger – auch Merkurfinger genannt.

Ist der Jupiterfinger lang, dann liebt sein Besitzer die Macht und Herrschaft über andere Menschen. Ist er kurz, mangelt es ihm an Verantwortungsbewusstsein und Ehrgeiz.

Ist der Saturnfinger lang, bedeutet dies Besonnenheit, die Vorliebe, allein zu sein sowie eine reservierte, lernbegierige Veranlagung. Ist der Finger kurz, dann ist sein Besitzer frivol und es mangelt ihm in allen Dingen an Ernsthaftigkeit.

Ist der Sonnenfinger lang, dann bedeutet dies eine Liebe für die schönen Dinge, den Wunsch nach Bekanntheit und Ruhm. Bei übergroßer Länge handelt es sich allerdings eher um einen schlechten Ruf, die Neigung zu Spekulationen in Gelddingen und Glücksspiel. Ist er kurz, mag sein Besitzer alle diese Dinge nicht.

Ist der Merkurfinger lang, dann hat sein Besitzer große geistige Fähigkeiten, ist sprachbegabt und kann sich gut ausdrücken, besonders in Reden. Ist der Finger kurz, dann fällt es seinem Besitzer schwer, seine Gedanken ordentlich zu artikulieren. Ist der Finger krumm bei einer ebenfalls unregelmäßig aussehenden Kopflinie, dann ist dies ein sehr schlechtes Zeichen für den Geisteszustand.

Die Finger sollten im Verhältnis zur Handfläche lang sein, denn das bedeutet immer eine größere Geisteskraft und intellektuelle Fähigkeiten. Sind sie kurz und untersetzt, ist sein Besitzer animalisch und grob materialistisch veranlagt.

Lehnt sich ein Finger an den anderen, dann besitzt er die gleichen Charaktereigenschaften wie der Finger, an den er sich lehnt.

Sind die Finger weit voneinander entfernt, dann bedeutet dies eine große Unabhängigkeit der Gedanken und Furchtlosigkeit.

Ist der Abstand zwischen dem Zeigefinger und dem Mittelfinger groß, dann bedeutet dies die Unabhängigkeit der Gedanken; zwischen dem Mittelfinger und dem Ringfinger eine Unabhängigkeit von äußeren Umständen; zwischen dem Ringfinger und dem kleinen Finger eine Unabhängigkeit in seinen Handlungen.

Sind die Finger locker und können nach hinten gebogen werden, dann ist der Mensch aufgeschlossen und greift gern Ideen oder Vorschläge auf. Er wird sich aber nicht so dauerhaft daran halten, wie es die Menschen mit festen, steifen Daumen tun, die dazu neigen, an etwas festzuhalten.

Krümmen sich die Finger nach innen, dann ist der Mensch neuen Ideen gegenüber eher verschlossen und sehr vorsichtig und neigt dazu, an dem, was er weiß oder besitzt, festzuhalten.

Menschen mit beweglicheren Fingern sind impulsiver als solche mit „knorrigen“ Gliedern. Die „knorrigen Glieder“ verhindern eine spontane Veranlagung und bedeuten intensive Besinnung und die Liebe zum Detail. Man findet diese Finger häufig bei großen Organisatoren und bei Menschen, die umfangreiche Pläne mit der notwendigen ausgiebigen Gedanken- und Detailarbeit erarbeiten.

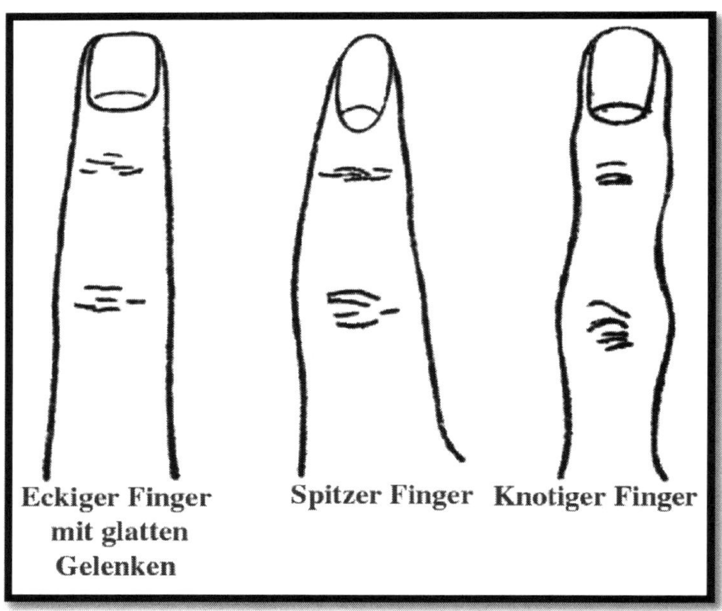

Verschiedene Fingerformen.

TAFEL IV - TEIL II

Kapitel IV – Die Fingernägel

An den Fingernägeln kann man viele Krankheiten mit großer Genauigkeit erkennen. Dieser Teil der Handlesekunst wird inzwischen auch von den meisten Ärzten anerkannt, die sich oft ebenfalls die Nägel ihrer Patienten ansehen.

Man kann an den Nägeln besonders gut Erbkrankheiten erkennen, insbesondere an der Lunge, am Herzen, den Nerven und dem Rücken.

Die Nägel lassen sich in vier Arten unterteilen: Lang, kurz, breit oder schmal.

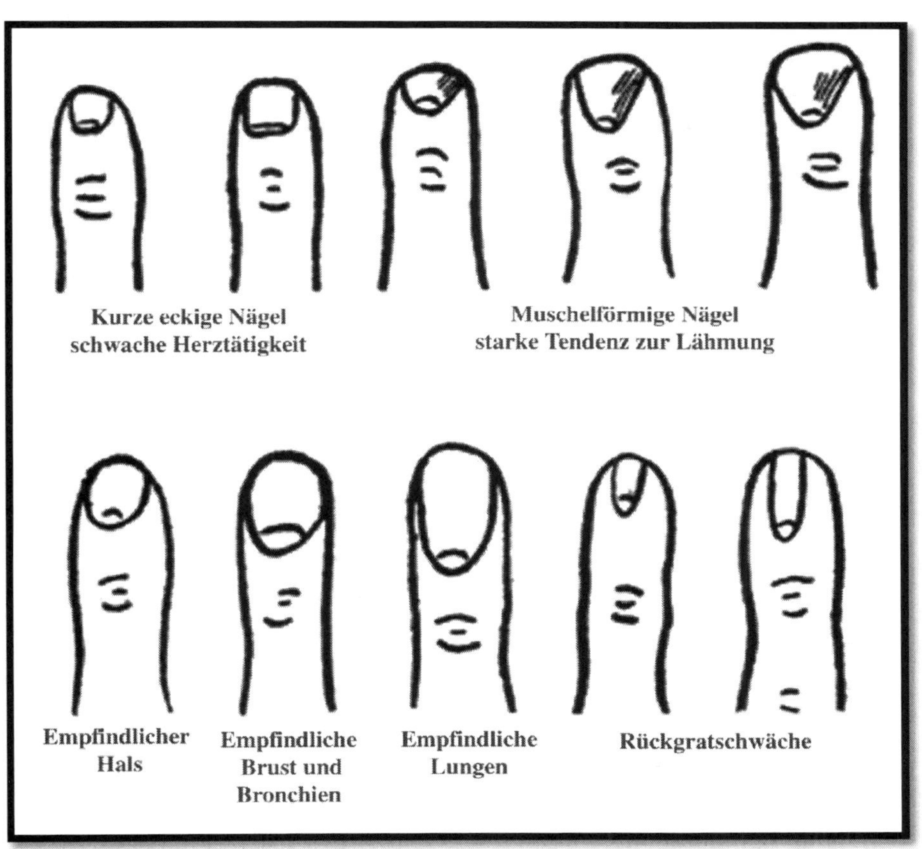

Verschiedene Fingerformen.

TAFEL V - TEIL II

Lange Nägel

Sind die Nägel sehr lang, dann ist der allgemeine Gesundheitszustand niemals so gut wie bei Menschen mit mäßig langen Nägeln.

Menschen mit langen Nägeln neigen zu Lungen- und Brustkrankheiten (Tafel V, Teil II). Dies ist ganz besonders der Fall, wenn die Nägel gerillt sind, wobei die Rillen von unten nach oben auf dem Nagel verlaufen.

Der gleiche Nageltyp, jedoch kürzer, bedeutet weiter oben liegende Erkrankungen, nämlich am Hals, und weist auf eine Neigung zu Kehlkopfentzündungen, Mandelentzündungen und Bronchienprobleme hin.

Sind die Nägel ganz besonders lang und bläulich, dann ist die gesundheitliche Verfassung noch schlechter, oft verbunden mit Kreislauferkrankungen.

Kurze Nägel

Kurze Nägel weisen immer auf eine Herzschwäche hin, besonders wenn die „Monde" kaum oder gar nicht zu sehen sind. Sind die Nägel sehr flach und unten ins Fleisch eingesunken, zeigt dies Nervenkrankheiten an. Sind die Nägel obendrein quer „gerillt", ist diese Gefahr noch größer. Befindet sich eine tiefe Furche quer über den Nagel, dann hat es kürzlich einen ungewöhnlichen gesundheitlichen Angriff auf das Nervensystem gegeben. Wenn die nachfolgenden Regeln beachtet werden, dann kann das Datum der Erkrankung oder der Belastung sehr genau ermittelt werden.

Der Nagel braucht 9 Monate, um sich vom unteren bis zum oberen Ende einmal zu erneuern. Er kann sehr einfach in Abschnitte unterteilt werden. Ist die Furche oder tiefe Rille nahe am oberen Rand, dann hat die Krankheit vor circa neun Monaten stattgefunden; verläuft sie mehr in der Mitte, so war es vor fünf Monaten, und weiter unten vor ungefähr einem Monat.

Weiße Flecken auf den Nägeln weisen immer auf Probleme hin, und ist der gesamte Nagel mit weißen Flecken übersät, dann befindet sich das gesamte Nervensystem in einem schlechten Zustand.

Lange schmale Nägel

Sehr schmale Nägel (Tafel V, Teil II), zeigen eine Schwäche der Wirbelsäule an. Sind sie zusätzlich noch sehr gebogen und dünn, dann bedeutet dies eine Verkrümmung der Wirbelsäule und einen sehr schwachen Gesundheitszustand.

Flache Nägel

Sind die Nägel sehr flach und scheinen sich am oberen Rand vom Fleisch abzulösen, dann besteht die Gefahr einer Lähmung, ganz besonders, wenn die

Nägel wie eine Muschel geformt sind und spitz an ihrem unteren Ende zulaufen. (Tafel V, Teil II). Wenn diese Nägel keinen Mond haben und weiß oder bläulich wirken, dann ist die Krankheit bereits in einem fortgeschrittenen Stadium.

Die Monde auf den Nägeln

Große „Monde“ bedeuten immer ein kräftiges Herz und gute Blutzirkulation, sind sie jedoch ungewöhnlich groß, dann ist der Druck auf das Herz zu groß und es schlägt zu schnell. Die Blutgefäße stehen unter Druck und es besteht die Gefahr, dass sie entweder im Herzen oder im Gehirn platzen.

Kleine „Monde“ bedeuten das Gegenteil; sie weisen auf eine geringe Blutzirkulation hin, ein schwaches Herz und Blutleere im Gehirn.

Kurz vor dem Tod werden erst die „Monde“ bläulich, später werden die ganzen Nägel erst blau und dann fast schwarz.

Kapitel V – Die Berge auf der Hand und ihre Bedeutung

Die Berge auf der Hand (Tafel VI, Teil II) können in Abhängigkeit von Charakter und Veranlagung der Rassen mit ihren verschiedenen Temperamenten äußerst unterschiedlich sein.

Bei den meisten südlichen und emotional veranlagten Rassen sind diese Berge deutlicher zu sehen als bei Menschen aus den nördlichen Ländern. Es hat sich herausgestellt, dass Menschen, deren Berge deutlich zu sehen sind oder hervorstehen, sich eher von ihren Gefühlen und Emotionen überwältigen lassen als Menschen mit flachen Handflächen und wenig entwickelten Bergen. Den Bergen der Hand wurden die Namen der sieben wichtigsten Planeten, die unser Schicksal auf Erden beeinflussen, gegeben, nämlich Sonne, Mond, Venus, Merkur, Mars, Jupiter und Saturn.

Es waren die griechischen Kenner der Handlesekunst, die den Bergen diese Namen gegeben haben, und sie haben sie mit den folgenden Eigenschaften verbunden:

Venus = Liebe, Sinnlichkeit und Leidenschaft.
Mars = Lebenskraft, Mut, Kampfkraft usw.
Merkur = Geisteskraft, Wirtschaft, Wissenschaft.
Mond = Vorstellungskraft, Romantik, Wechselhaftigkeit.
Sonne = Helligkeit, Fruchtbarkeit, Erfolg.
Jupiter = Ehrgeiz, Macht, Vorherrschaft.
Saturn = Zurückhaltung, Melancholie, Ernsthaftigkeit.

In meiner langjährigen Erfahrung habe ich immer wieder festgestellt, welcher enge Zusammenhang zwischen den Eigenschaften dieser großen Planeten des Universums und ihren Auswirkungen auf die Menschheit besteht.

Zwar kann ich in diesem Buch nicht zusätzlich noch ausführlich auf die Astrologie eingehen, möchte aber trotzdem allen ernsthaft Forschenden und Lesern dieses Buches den bemerkenswerten Einfluss der Planeten auf unser Leben schildern. Er zeigt sich auch an der Lage und Form der Berge auf der Hand, und soweit ich weiß ist noch nie ein Buch über Handlesekunst zu diesem Thema veröffentlicht worden.

Ich habe auf den folgenden Seiten die Berge mit negativen und positiven Bedeutungen beschrieben, was vor mir noch niemand getan hat. Ich denke, dass die nachfolgenden Erklärungen zu diesem Thema für meine Leser sehr hilfreich sind und den engen Zusammenhang zwischen Astrologie und Handlesekunst zeigen. Bekanntlich gibt es in dem Tierkreis, der unsere Erde umgebt, die sogenannten „Zwölf Häuser" der sieben wichtigsten Planeten unseres Sonnensystems. Der Tierkreis wird sowohl von den Astronomen als auch den Astrologen als eine Umlaufbahn im Universum von 16 Grad Breite bezeichnet, in der die Planeten kreisen. Er wird in zwölf Tierkreiszeichen oder Häuser von je dreißig Grad unterteilt, und unsere Sonne tritt circa alle dreißig Tage in ein neues Tierkreiszeichen ein. Nach zwölf Monaten ist der gesamte Tierkreis von 360 Grad, bzw. ein Sonnenjahr, durchlaufen.

Die Sonne, Schöpfer allen Lebens und selbst eines der größten Mysterien unseres Universums ist ungefähr 330.000-mal größer als unsere Erde. Daraus ergibt sich, dass sich mit jedem Eintritt in ein neues Tierkreiszeichen die magnetischen Schwingungen entsprechend den Eigenschaften des jeweiligen Zeichens und ihre Auswirkung auf die Erde verändern. Deshalb ist es logisch anzunehmen, dass zum Beispiel der Charakter eines Menschen, der im April geboren ist, anders ist als der eines im Mai geborenen und somit auch sein Schicksal, denn der Charakter ist gleichzeitig das Schicksal.

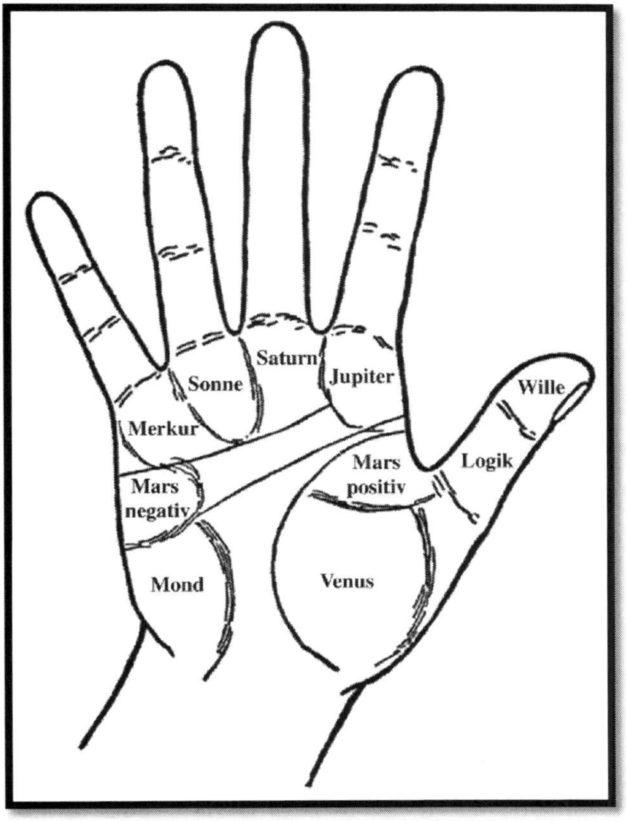

Meine Leser können sicher meine Feststellung nachvollziehen, dass man beim Analysieren der Berge in Kombination mit den Geburtsdaten zahlreiche präzise Aussagen zum Thema Gesundheit und Krankheit machen kann, die sowohl den Handleser als auch seine Zuhörer überzeugen.

Die Berge der Hand.

TAFEL VI – TEIL II

Kapitel VI – Die Marsberge

Dieser Berg ist an zwei Stellen auf der Hand zu finden (Tafel VI, Teil II). Der erste Berg liegt direkt unter dem oberen Teil der Lebenslinie und der andere liegt gegenüber auf der Fläche zwischen der Herzlinie und der Kopflinie. Der erste bezieht sich auf die körperliche Eigenschaften, der zweite auf die geistigen.

Ist der erste groß, ist dies positiv, ganz besonders, wenn der Mensch zwischen dem 21. März und dem 21. April geboren ist, sowie, wenn auch weniger ausgeprägt, bis zum 28. April. Dieser Teil des Jahres ist im Tierkreis das Haus des Mars (positiv).

Der zweite Berg wird als negativ angesehen, ganz besonders, wenn der Mensch zwischen dem21. Oktober und 21. November geboren ist, sowie, wenn auch weniger ausgeprägt, bis zum 28. November, da dieser Teil des Tierkreises dem Haus des Mars (negativ) zugeordnet wird.

Wir wollen jetzt den Unterschied der beiden Berge betrachten, insbesondere wie sie den Verstand und das Temperament, aber auch die Gesundheit und die Neigung zu Krankheiten anzeigen.

Der erste Marsberg

Befindet sich der Marsberg am Anfang der Lebenslinie, ganz besonders, wenn der Mensch im Haus des März geboren ist (21. März bis 21. April und schwächer bis 28.), dann besitzt der Mensch einen martialischen Charakter, der sich in allen seinen Handlungen zeigt, sei es als Geschäftsmann, Soldat oder Führer von Menschen auf den unterschiedlichsten Gebieten.

Dese Menschen sind geborene Kämpfer in jedem Sinn des Wortes. Sie dulden wenig oder gar keine Kontrolle anderer über ihre Handlungen; sie streben nach Führung in jeglicher Art von Karriere, die sie beginnen, und obwohl sie meistens nur eine durchschnittliche Intelligenz besitzen, werden sie im allgemeinen Leiter von Firmen oder Organisationen und übernehmen große Verantwortung.

Sie sind sehr eigensinnig bei der Durchsetzung ihrer Vorhaben und Entschlüsse, sind völlig kritikresistent, sind entschlossen und dogmatisch in ihren Ansichten und bitten meistens erst jemanden um Rat, wenn es schon zu spät ist, um ihr Vorhaben noch zu einem guten Ende zu bringen.

Sie müssen alles auf ihre eigene Art durchführen, und da sie glauben, dass ihr Weg der einzig richtige ist, dulden sie keine Einmischung von anderen und wenden sich sogar von ihrem besten Freund ab, wenn dieser versucht, sie von ihren Plänen oder Vorhaben abzubringen.

Man kann ihnen nur mit Freundlichkeit, Geduld, Takt oder Liebe beikommen.

Der kleinste Versuch, sie zu bekämpfen oder zu etwas zu zwingen, führt sofort dazu, dass sie sich „bewaffnen“. Sie sind jähzornig und explosiv, aber dies ist genauso schnell wieder vorbei, und wenn sie sich beruhigt haben. Dann bereuen sie ihren Ausbruch und die grausamen Dinge, die sie in ihrer Rage gesagt haben, zutiefst.

Im Allgemeinen sind diese Menschen gutmütig und großzügig, aber aufwallend und impulsiv in ihren Handlungen. Ihr größter Fehler ist diese Impulsivität und ihr Mangel an Selbstkontrolle, und wenn sie keine lange und gute Kopflinie haben, dann stürzen sie sich unbedacht in alle möglichen Schwierigkeiten und Gefahren und zerstören dabei ihre Möglichkeiten und die wunderbare Veranlagung zur Führungspersönlichkeit, die sie fast alle besitzen.

Normalerweise haben solche Menschen kein Glück in der Lieben oder im Privatleben. Sie treffen selten auf Frauen, die sie verstehen, und sollten sie doch eine Frau haben, mit der sie zurechtkommen, dann streiten sie sich bestimmt mit ihren Kindern.

Gesundheitlich neigen sie zu Fieber und Blutkrankheiten, besonders in ihren frühen Lebensjahren. In ihrer Jugend neigen sie auch zu Anfällen von Epilepsie oder schweren Kopfschmerzen und Entzündungen im Kopfbereich, speziell heftige Zahnprobleme.

Im Alter besteht die große Gefahr eines Gehirnschlags, von Schwindelanfällen, Kopfschmerzen und Gehirnerweichung, ganz besonders, wenn die Kopflinie schwach aussieht oder Kettenglieder enthält.

Man sollte diesen Menschen anraten Ruhe und Selbstkontrolle zu üben und sich dem Wein, Schnaps und anderen Stimulanzmitteln zu enthalten, denen sie normalerweise sehr zugetan sind.

Sie sollten versuchen, mehr als andere Menschen zu schlafen, Sport und Erholung in frischer Luft zu betreiben, und vor allem ihren Ehrgeiz zu beschränken und ihr Temperament zu zügeln.

Die höher entwickelten Menschen dieses Typs können, wenn sie Selbstkontrolle üben, zu den höchsten Gipfeln ihres Lebens aufsteigen und große Dinge zum Nutzen ihrer Mitmenschen erreichen.

Der zweite Marsberg

Der zweite Marsberg liegt zwischen der Herz- und der Kopflinie (Tafel VI, Teil II) und ist besonders wichtig, wenn der Mensch zwischen dem 21. Oktober und 21. November bis 28. November geboren ist. Im Tierkreis wird diese Zeitspanne das negative Haus des Mars genannt.

Der Berg verkörpert den gegenteiligen Charakter zu dem vorher beschriebenen, sowohl in der geistigen Veranlagung als auch in der Haltung gegenüber Menschen und Dingen. Diese Menschen sind geistig sehr mutig und *besitzen mehr moralische Fähigkeiten* als körperliche. Sie hassen Szenen, körperliche Gewalt und Blutvergießen.

Sie kämpfen gern mit geistigen Mitteln, und in Debatten und Diskussionen fechten sie es auch immer bis zum Ende aus. Sie sind stiller als der vorher beschriebene Mars-Charakter. Dafür sind sie besonders starrsinnig in ihren Ansichten, verbergen aber häufig ihre Meinung und scheinen dem Gegenüber Recht zu geben, während sie eigentlich nur auf die richtige Gelegenheit warten, ihren „geistigen Schlag" auszuführen und den Gegner zu verunsichern.

Sie können besser organisieren als führen und ihr kämpferischer Geist findet oft seinen Tätigkeitsbereich als führender Kopf in einer Armee. Er ist zuständig für Planung, Taktik, Strategie und sorgfältige durchdachte Lagerung von Munition und Vorräten oder die Erstellung von Finanzplänen. Dinge, die den Feind in den Ruin treiben oder in Schwierigkeiten bringen,

Die nicht so weit entwickelten Menschen dieses Typs sind gerissen und geschickt, wenn sie ihre Pläne durchsetzen wollen. Sie scheuen vor nichts zurück, um ihr Ziel zu erreichen. Sie können die verräterischsten und tödlichsten Feinde sein, und Gift ist im Gegensatz zum Schwert das am meisten von ihnen eingesetzte Mittel.

Alle diese Menschen mit negativem Marsberg scheinen seltsame Anziehungskräfte zu besitzen, die sie fast unbewusst im Umfang mit anderen Menschen einsetzen. Sie sind geborene Hypnotiseure und Gedankenleser, haben einen Hang zum Okkultismus und zu Geheimgesellschaften aller Art. Sind die Menschen hoch entwickelt, dann nutzen sie diese wunderbaren Eigenschaften zum Wohl anderer Menschen, besonders wenn sie Medizin oder Naturwissenschaften studieren, wofür sie besonders geeignet zu sein scheinen.

Die Menschen mit negativem Marsberg sind meistens so vielseitig begabt, dass sie sich am schwierigsten in eine bestimmte Laufbahn einfügen. Befindet sich eine gute Kopflinie auf der Hand, dann gibt es keinen Bereich in der Welt des Geistes, in dem sie nicht erfolgreich sein könnten. Seltsamerweise arbeiten diese Menschen meistens nicht auf dem Gebiet, das sie ursprünglich erlernt haben, und meistens wechseln sie im Laufe ihres Lebens mehrfach ihren

Beruf oder ihre Berufung, so wie die Katze mit ihren sprichwörtlichen neun Leben.

Ihr größter Fehler ist, dass sie sich zu leicht ihrer Umgebung und den Menschen, mit denen sie in Verbindung sind, anpassen. Treffen sie auf Menschen mit schlechten Eigenschaften, dann neigen sie dazu, diese anzunehmen oder sogar „noch eins besser zu werden"; sind sie jedoch guten Einflüssen ausgesetzt, dann wird sich genauso schnell das Beste in ihnen durchsetzen.

Dieser Zeitabschnitt des Tierkreises wird in seiner niederen Entwicklung seit uralten Zeiten als Skorpion mit gewundenem Schwanz dargestellt, in seiner höheren Entwicklung als Adler, dessen Kopf himmelwärts gerichtet ist.

Diese Symbole illustrieren deutlich die Dualität des untersuchten Charakters. Es gibt keinen bösartigeren oder schädlicheren Typ, der sich sogar selbst verletzt und seine eigene Vernichtung herbeiführt, als diesen Charakter in seiner niederen Ausprägung. In seiner höheren Form dagegen gibt es wohl keinen anderen Typ, der mehr zu geistigen Höhenflügen, völlig losgelöst von irdischen Fesseln wie ein Adler, fähig ist.

Junge Menschen mit negativem Marsberg sollten sorgfältig und vor allem in guter Gesellschaft aufgezogen werden. Man sollte sie vor ihrer sexuellen Veranlagung warnen und sie von perversen Menschen und schlechten Büchern fernhalten.

Diese Menschen sind in den jungen Jahren meistens schmächtig und gesundheitlich anfällig, neigen aber in den mittleren Lebensjahren zu Korpulenz. Männer wie Frauen neigen besonders in der Jugend zu Schwächen oder Erkrankungen der Geschlechtsteile, der Nieren und der Blase, in späterem Alter gibt es Probleme mit dem Magen und den Verdauungsorganen. Diese Menschen sollten während ihres gesamten Lebens zurückhaltend und mäßig bei ihrer Ernährung sein.

Kapitel VII – Der Jupiterberg und seine Bedeutung

Der Jupiterberg befindet sich unterhalb des Zeigefingers (Tafel VI, Teil II). Ist er groß, dann weist er auf eine Neigung hin, zu herrschen, zu bestimmen und andere zu kommandieren, zu führen und zu organisieren und seine Ziele durchzusetzen. Diese guten Eigenschaften treffen jedoch nur zu, wenn die Kopflinie deutlich und lang ist. Ist diese Linie schwach ausgeprägt und krumm, dann bedeutet der Jupiterberg Stolz, übermäßige Eitelkeit, starkes Selbstbewusstsein und Arroganz. Andererseits gibt es auf einer Hand mit einem gut ausgeprägten Jupiterberg kein besseres und sichereres Zeichen für Erfolg, der sich durch Charakterstärke und Willenskraft zeigt.

Dieser Berg kann als positiv angesehen werden, wenn der Mensch zwischen dem 21. November und 20. Dezember, sowie weniger ausgeprägt bis 28. Dezember geboren ist. Diese Menschen sind naturgemäß ehrgeizig, furchtlos und entschlossen in allem, was sie unternehmen, aber sie handeln impulsiv und zu offensichtlich, sie zeigen ihre Absicht zu deutlich, was zu Widerspruch, Opposition und Feindseligkeit führt.

Sie konzentrieren ihre gesamte Aufmerksamkeit auf das, was sie gerade durchführen und sehen nur ihr eigenes Ziel, ganz besonders wenn sie das Gefühl haben, dass man sich ihren Plänen auch nur im Geringsten widersetzt. Sie sind allerdings auch sehr ehrenhaft und prinzipientreu in allem, was sie unternehmen und reagieren dankbar auf das Vertrauen und die Zuversicht, die man in sie setzt.

Sie sind normalerweise ausgesprochen treu und reagieren heftig auf jede Art von Betrug. Dann zögern sie nicht, den anderen zu entlarven oder bloßzustellen, selbst wenn dies ihre eigenen Pläne zerstört.

Sie sind sehr engagiert im Geschäftsleben und allen Dingen, die organisatorische Fähigkeiten verlangen, oder sie haben verantwortungsvolle Positionen als Beamte oder in der Regierung. Sie werden eher selten Politiker, aus dem einfachen Grund, dass sie es nicht ertragen, sich den Vorstellungen und Plänen irgendeiner Partei unterzuordnen.

Sie sind wahrscheinlich die unabhängigsten Menschen bei der Auswahl ihres Berufes. War der Vater ein Geistlicher, dann gibt es für sie überhaupt keinen Grund, seinem Beispiel zu folgen oder auch nur seine religiösen Ansichten zu teilen.

Aus diesem Grund bieten solche Menschen in ihren jungen Jahren viel Anlass zu Sorge und Beunruhigung bei ihren Eltern; man sollte sie jedoch immer bei ihrer Berufswahl gewähren lassen, selbst wenn sie den Beruf ein Dutzend Mal ändern, bis sie endlich ihre wahre Berufung finden. Der große Fehler dieses Charaktertyps ist es, dass er zum Extremismus in allen Dingen neigt, um dann alles fallen zu lassen und in die entgegengesetzte Richtung zu streben. Ist jedoch die Kopflinie gut ausgeprägt und verläuft gerade über die Hand, dann kann der Mensch jede höchstmögliche Position oder Verantwortung erreichen.

Gesundheit: Diese Menschen neigen ganz besonders zu Rheuma und Übersäuerung, auch zu Reizung der Mundhöhle und Kehle, zu Beulen, Karfunkeln, Ekzemen und anderen Hautproblemen.

Der Jupiterberg (negativ)

Der Jupiterberg ist ein negatives mentales Zeichen, wenn der Mensch zwischen dem 19. Februar und 20. März geboren ist, sowie geringfügiger in seiner Auswirkung bis 28. März. Die Interessen dieses Menschen sind eher geistiger als materieller Natur. Kopfarbeit und geistige Tätigkeit wird allen anderen Arten von Anstrengung vorgezogen.

Sie scheinen eine natürliche Auffassungsgabe zu besitzen und haben ein großes Wissen über unterschiedliche Dinge wie Geschichte, Völker, Geographie, Botanik oder Geologie.

Trotz dieser geistigen Begabung sind die Menschen äußerst sensibel und haben keinerlei Selbstbewusstsein. Sie haben große Probleme, ihre Pläne durchzuführen und andere Menschen von ihren Vorhaben zu überzeugen. Deshalb schrecken sie davor zurück, in der Öffentlichkeit aufzutreten, stehen eher am Rand und müssen zusehen, wie andere den Ruhm für ihre Arbeit ernten.

Zahlreiche Literaten, Komponisten und Künstlern sind in diesem Zeitabschnitt geboren und besitzen alle dazugehörigen Eigenschaften. Von der deutlich zu erkennenden Kopflinie hängt es ab, ob die geistige Willenskraft stark genug ist, die Überempfindlichkeit zu überwinden und die großartigen Eigenschaften, die sie besitzen, zu nutzen, um ihre Ziele und Vorhaben durchzuführen.

Gesundheit: Menschen, die in dieser Zeitspanne geboren sind, leiden häufig an Mutlosigkeit und Schlaflosigkeit und fühlen sich als Märtyrer. Ebenso wie die Menschen mit positivem Berg leiden sie auch an Rheuma an Problemen, die mit dem Blut zusammenhängen. Sie leiden auch an Schüttelfrost, Leberproblemen und sehr oft an Gelbsucht. Sie sind sehr wetterfühlig und sollten eine helle, trockene Atmosphäre haben sowie viel frische Luft und Sport, Abwechslung und Reisen.

Kapitel VIII – Der Saturnberg und seine Bedeutung

Der Saturnberg liegt unterhalb des Mittelfingers (siehe Tafel VI, Teil II). Seine wichtigsten Bedeutungen sind die Liebe zur Einsamkeit, Vorsicht, ruhige Entschlossenheit. Der Mensch studiert gern dunkle Dinge, ist fatalistisch und glaubt an das endgültige Schicksal aller Dinge.

Ein gar nicht oder kaum vorhandener Berg bedeutet ein ziemlich frivoles Leben, ist er besonders groß ausgeprägt, verstärken sich die vorgenannten Eigenschaften.

Der Saturnberg kann als positiv angesehen werden, wenn der Mensch zwischen dem 21. Dezember und 20. Januar geboren ist, sowie den folgenden sieben Tagen, in denen diese Zeitspanne abklingt und von der nachfolgenden überlappt wird.

Menschen mit diesem Zeichen haben eine starke Willenskraft und geistige Veranlagung, aber sie gehen meistens äußerst einsam und allein durch ihr ganzes Leben.

Sie sind ein ausgesprochenes Kind des Schicksals und der Umstände, auf die sie keinerlei Einfluss zu haben scheinen, und sie sind erfolgreich oder erfolglos unabhängig von ihrem starken Willen.

Sie sind äußerst unabhängig in ihren Gedanken und Taten und verabscheuen es, unter dem Zwang von anderen Menschen zu stehen.

Aus Gutmütigkeit und Freundlichkeit würden sie fast alles machen, aber sie fühlen sich meistens so isoliert, dass sie der Liebe, die ihnen entgegengebracht wird, misstrauen.

Sie haben seltsame Vorstellungen von Liebe und Pflichtgefühl und werden deshalb normalerweise von jenen, die versuchen, ihre Einsamkeit zu durchdringen, als etwas eigentümlich angesehen.

Sie sind sehr hingebungsvoll veranlagt, auch wenn sie nicht religiös sind, und unternehmen alles, den Menschen Gutes zu tun, selbst wenn keine Aussicht besteht, dass sie eine Anerkennung für ihre Anstrengungen erhalten.

Diese Menschen empfinden den Druck ihres Verantwortungsgefühls meistens als zu schwer und ziehen sich deshalb mutlos und bedrückt in ihr Schneckenhaus zurück.

Sind sie religiös veranlagt, dann sind sie extremistisch und werden ein fanatischer Anhänger der von ihnen ausgesuchten Glaubensrichtung.

Mystizismus und Okkultismus aller Art sagt ihnen auch sehr zu, und hier neigen sie ebenfalls zum Extremismus.

Sie beten schlaue, intellektuelle Menschen fast an, sind intensive Denker in allen Dingen, die sie interessieren, dulden aber keine Störung durch andere Meinungen.

Sie sind oft in wichtigen, verantwortungsvollen Positionen zu finden, aber ihre fatalistische Einstellung scheint eine seltsame Rolle in ihrem Leben zu spielen. Sie scheinen das Werkzeug oder Sprachrohr des Schicksals zu sein und stürzen oft Tausende ins Unglück, die es für ihre Pflicht halten, ihm zu folgen. Sollen Menschen dieses Charaktertyps ein Opfer aus Fleisch und Blut bringen, sind sie die Ersten, die ihrem Liebsten ein Messer ins Herz stechen.

Fast alle Menschen, die unter diesem Zeichen geboren sind, sind seltsam, haben einen starken Charakter und werden gleichermaßen gefürchtet, geliebt und gehasst.

Gesundheit: Menschen dieser Zeitspanne neigen zu Rheuma, Gicht, Schmerzen und Schwellungen an Füßen und Beinen, auch zu Unfällen mit Schäden an den Füßen, Knien und Gliedmaßen. Sie haben Leber- und Nierenprobleme, Knochenbrüche und Erkrankungen der Zähne und Ohren.

Der negative Saturnberg

Der Saturnberg ist negativ, wenn der Mensch zwischen dem 21. Januar und 18. Februar geboren ist oder an den sieben nachfolgenden Tagen.

Diese Menschen haben fast den gleichen Charakter wie die vorher beschriebenen, aber die Dinge berühren sie eher geistig als körperlich.

Sie fühlen sich auch einsam im Leben, aber eher geistig– sie brauchen keine Gleichgesinnten für ihre Ideen und Gedanken, wogegen der andere Typ dies für sein Leben und seine Karriere braucht.

Sie sind sensibler und sehr verletzlich in ihren Gefühlen.

Sie können den Charakter eines anderen Menschen instinktiv erkennen und können „ihn durchschauen", wodurch sie nicht glücklich werden. Sie nehmen es sehr übel, wenn man sie enttäuscht oder betrügt, und wenn sie glauben, dass dies der Fall war, dann sind die anderen erstaunt über die Intensität ihrer Verbitterung.

Wenn ihre Gefühle erst einmal erweckt worden sind, sind sie loyale, treue Freunde und würden sich für einen Freund sogar aufopfern, schrecken aber vor nichts zurück um sich zu rächen, wenn sie glauben, dass sie betrogen wurden.

Sie sind normalerweise sehr aktiv für das öffentliche Wohlergehen engagiert und investieren viel Zeit und Geld in gute Taten, allerdings auf ihre Weise. Wie der positive Saturncharakter haben auch sie ihre feste Meinung zu religiösen Dingen, insbesondere was die Einhaltung von Zeremonien und Vorschriften im Kirchenleben betrifft.

Sie unterscheiden sich vom vorgenannten Typ durch ein starkes Interesse an öffentlichen Treffen und großen Menschenansammlungen. Sie lieben Theater,

Konzerte und Veranstaltungsorte, aber in Wahrheit fühlen sie sich immer allein im Leben.

Sie können mit ihren Augen Menschen beeinflussen, und obwohl sie selbst hochgradig nervös sind, gelingt es ihnen, nervöse oder geisteskranke Patienten zu beruhigen. Es ist eine seltsame Tatsache, dass diese Menschen in ihrem Leben geradezu schicksalhaft mit solchen Patienten in Kontakt kommen.

Gesundheit: Diese Menschen leiden meistens an nervösen Leiden des Magens und des Verdauungstraktes, und die üblichen Medikamente scheinen bei ihnen nicht zu wirken.

Sie haben normalerweise Kreislaufprobleme, kalte Hände und Füße, empfindliche Zähne und leiden an Verletzungen der Füße, der Knöchel und Gliedmaßen, auch durch Unfälle.

Sie fühlen sich selten richtig gesund und haben trotzdem eine große Widerstandskraft, und wenn man an ihre Willenskraft appelliert, da versetzen sie jeden in Erstaunen, wie viel sie ertragen können, ganz besonders wenn sie glauben, dass ihre Pflicht oder ihre Prinzipien gefordert sind.

Kapitel IX – Der Sonnenberg und seine Bedeutung

Der Sonnenberg befindet sich unter dem Ringfinger. Dieser Berg wurde von den alten Griechen auch Berg des Apolls genannt (Tafel VI, Teil II).

Ist er groß oder gut entwickelt, so bedeutet er Ruhm und Ehre und den Wunsch, vor seinen Mitmenschen zu glänzen. Es handelt sich immer um einen guten Berg.

Er zeigt auch eine Vorliebe für alle schönen Dinge an, unabhängig davon, ob der Mensch selbst künstlerisch tätig ist. Selbst wenn diese Menschen Erfolg in einem praktischen Beruf habt, so besitzen sie wenigstens wunderschöne Häuser oder umgeben sich mit Kunstgegenständen jeder Art. Sie haben ein überschäumendes Temperament, sind großzügig und verschwenderisch in den Dingen, die sie mögen. Sie haben ein sonniges, fröhliches Gemüt und eine starke und glückliche Persönlichkeit.

Der Berg ist positiv, wenn der Mensch zwischen dem 21. Juli und 20. August, bzw. bis zum 28. des Monats geboren ist. Dieser Teil des Tierkreises wird „Hause der Sonne" genannt.

Diese Menschen könnte man als das Herz der Menschheit bezeichnen, sie sind immer sehr großzügig und voller Mitgefühl, obwohl sie es damit manchmal auch zu weit treiben.

Sie haben große Charakterstärke und eine ausgeprägte Persönlichkeit, und selbst wenn das Leben sie dazu zwingt, in niederen Verhältnissen zu leben, dann spielen sie auch dort eine besondere Rolle, die sie von ihren Mitmenschen unterscheidet. Ihre starke und besondere Persönlichkeit setzt sich immer wieder durch.

Zwar besitzen sie viel Mitgefühl, zeigen dies aber häufig nicht, da sie dazu neigen, anderen Menschen ihren Willen aufzuzwingen, um Gutes für andere zu tun.

Sie haben kein Mitleid mit Schwächlingen oder Menschen, die der Wahrheit nicht ins Auge sehen, und in ihrer ausgeprägten Unverblümtheit würden sie sich sogar von ihren Kindern lossagen, wenn diese den ihrer Meinung nach richtigen Weg verlassen.

Sie sind absolut loyal gegenüber ihren Freunden, wenn diese angegriffen werden, besonders wenn dies auf hinterhältige Weise passiert. Sie lieben und sie hassen intensiv. Es gibt für sie keinen mittleren Weg, es müssen immer die Extreme der einen oder anderen Seite sein.

Obwohl sie treu und aufrichtig sind, werden sie immer wieder schrecklich betrogen, und die Gefahr bei diesen Menschen ist, dass sich die Sonne, die so hell über ihrem Leben geschienen hat, gegen Ende des Lebens durch Verrat und Betrug verdunkelt, sodass Wolken erscheinen oder sie völlig verschwindet, wenn das Lebensende in Sicht kommt.

Viele dieser Menschen, die von anderen bejubelt wurden, und die Licht und Gutes in die Herzen anderer Menschen gebracht haben, können sich selbst nicht helfen, wenn der Lebensabend kommt, und so werden sie ein Opfer von Trübsal und Melancholie. Viele begehen Selbstmord.

Neben anderen typischen Eigenschaften sind diese Menschen ausgesprochen stolz und würden lieber sterben als andere um Hilfe zu bitten. Sie sind durch ihren Stolz besonders verletzlich und ungewöhnlich sensibel.

Durch ihr ungestümes und jähzorniges Wesen machen sie sich Feinde, und wenn sie im öffentlichen Leben engagiert sind, wofür sie sehr geeignet sind, dann werden sie oft bitter und skrupellos bekämpft.

Gesundheit: Menschen, die an den genannten Daten geboren sind oder deren Sonnenberg groß ist, neigen zu Schmerzen, Herzrasen und Erkrankungen von Herz, Kopf und Ohren. Außerdem Entzündungen der Augen und Nieren sowie Schwellungen und Verletzungen der Füße.

Der negative Sonnenberg

Der Sonnenberg ist negativ wenn der Mensch zwischen dem 21. Januar und 18. Februar sowie den nachfolgenden sieben Tagen geboren ist.

Diese Menschen sind sehr viel erfolgreicher, wenn sie etwas für andere unternehmen als für sich selbst.

Sie sind äußerst aktiv und unternehmen Dinge, von denen sie glauben, dass sie Leid mindern und der Öffentlichkeit Gutes tun.

Man findet sie häufig in Regierungspositionen, als Parteiführer oder als Anführer in einem bestimmten Bereich der öffentlichen Meinung. Normalerweise spielen sie die Rolle des „Verlierers“ und stellen sich gern als jemand dar, der von der reicheren und machtvolleren Klasse missbraucht und verabscheut wird.

Sie werden selten reich, wie jene mit einem positiven Sonnenberg, die oft in Gelddingen Glück haben, aber falls doch, dann verarmen sie, weil sie den Menschen, die sie umgeben, ihr Geld geben, oder sie verlieren es bei dem Versuch, menschenfreundliche Pläne zum Wohl ärmerer Menschen durchzuführen.

Es steht in einem offensichtlichen Gegensatz zu den bisher geschilderten Eigenschaften, dass diese Menschen ausgesprochen erfolgreich in Geschäfts- und Finanzangelegenheiten sind, aber es ist immer nur für andere, niemals für sich selbst. Viele dieser Menschen erarbeiten einen Gewinn, aber nutzen ihn nicht für sich, sondern zum Wohl anderer.

Im Allgemeinen haben sie große Freude an öffentlichen Zeremonien und Veranstaltungen aller Art. Sie gehen gern ins Theater oder an Plätze, wo sich große Menschenmengen versammeln, und wenn sich die Gelegenheit ergibt, dann sind sie sehr wortreich, können gut argumentieren und in Diskussionen Einfluss nehmen. Die so gewonnenen Positionen nutzen sie jedoch selten für ihre Karriere, sondern es scheint sich immer nur um eine vorübergehende Rolle zu handeln. Wenn es vorbei ist, ziehen sie sich genauso schnell in die Dunkelheit oder ihr Privatleben zurück und beenden ihr Leben oft an ungewöhnlichen oder unbekannten Plätzen.

Im Gegensatz zu Menschen mit dem positiven Sonnenberg beenden diese Menschen ihr Leben selten durch Selbstmord; im Gegenteil, sie sind in der Lage, großes Leiden und Märtyrertum auszuhalten. Sie werden angetrieben von dem Gedanken, dass sie für ihre Mitmenschen Gute getan haben, und dieses Gefühl scheint sie gegen alle Enttäuschungen, Verluste oder Angriffe zu wappnen.

Gesundheit: Die Kinder des negativen Sonnenbergs leiden meistens an Erkrankungen des Magens und der inneren Organe, haben Kreislaufprobleme, frieren leicht und haben Leber- und Nierenbeschwerden.

Sie neigen auch zu Verletzungen der Knochen, speziell der Extremitäten, Knie und Knöchel.

Trockenes Klima und viel Sonne sind für sie der beste Schutz gegen alle ihre Krankheiten.

Kapitel X – Der Merkurberg und seine Bedeutung

Der Merkurberg befindet sich unter dem kleinen Finger (Tafel VI, Teil II). Auf einer guten Hand bedeutet er ein positives Zeichen, aber auf einer Hand mit negativen Tendenzen verstärkt er die schlechten Anzeichen, besonders die geistigen.

Er scheint mehr Einfluss auf den Verstand als alle anderen Zeichen zu besitzen. Er bedeutet eine schnelle Auffassungsgabe, Esprit, kluge Gedanken und Beredsamkeit. Der Mensch besitzt eine Begabung für Wissenschaft und Wirtschaft, im negativen Fall jedoch bedeutet es geistige Übererregbarkeit, Nervosität, Konzentrationsschwäche und Verschlagenheit in Geschäftsdingen und Angelegenheiten von dubiosem Charakter.

Dieser Berg sollte immer gemeinsam mit der Kopflinie der Hand betrachtet werden.

Ist die Kopflinie lang und gut ausgeprägt, dann verstärken sich alle Versprechungen für geistige Fähigkeit und Erfolg, aber ist sie schwach, schlecht zu sehen oder krumm, dann verschlimmern sich alle schwachen oder schlechten Anzeichen.

Der positive Merkurberg

Der Merkurberg ist positiv, wenn der Mensch zwischen dem 21. März und 20. Juni sowie bis 27. des Monats geboren ist. In den letzen sieben Tagen ist der Einfluss jedoch nicht so stark.

Menschen, die in diesem Zeitabschnitt geboren sind, werden im Tierkreis durch das Zeichen der Zwillinge symbolisiert. Seltsamerweise besitzen diese Menschen einen zweigeteilten Charakter und ein ebensolches Temperament. Ihre Veranlagung in einer bestimmten Richtung strebt gleichzeitig immer in die andere Richtung, und wenn sie zum Beispiel besonders intelligent sind, dann verderben sie ihre Möglichkeiten, indem sie ihre Pläne und Vorhaben nicht kontinuierlich verfolgen.

Sie haben selten eine genaue Vorstellung von dem, was sie eigentlich wollen. Sie ändern ihre Pläne oder Beschäftigungen schlagartig, und wenn sie nicht zufällig glücklich verheiratet sind, dann sind sie völlig unsicher in Beziehungsdingen.

Sie sind von allen Charakteren am schwersten zu verstehen. Sie können gleichzeitig heiß und kalt sein, sie lieben leidenschaftlich und erkalten unvermittelt.

Sie sind kritisch und kritisieren kleinste Fehler und Verhaltensweisen anderer Menschen, und sie äußeren ihre Meinung ebenso intelligent wie zynisch und schneidend.

In Geschäftsdingen und anderen Angelegenheiten, die eine geschickte und intelligente Vorgehensweise verlangen, können sie alle Mitbewerber übertrumpfen, vorausgesetzt, dass sie ausreichend an einem Wettbewerb interessiert sind.

Sie sind ausgezeichnete Diplomaten und begabte Redner, aber meistens sind ihre Zuhörer nach dem Vortrag nicht schlauer als zuvor.

Wenn man sie akzeptiert wie sie sind und ihre Stimmungen ignoriert, dann sind sie angenehme Gesellschafter, aber man darf nicht erwarten, dass sie sich morgen genau so verhalten wie heute.

Sie halten sich für die aufrichtigsten Menschen der Welt, und dies mag auch in dem Moment, wo sie eine Geschichte erzählen so sein, aber morgen oder in einer Woche besitzt die gleiche Geschichte eine ganz andere Richtung.

Keiner dieser Menschen würde jemals zugeben, dass er diesen Charakter besitzt, aber man braucht nur wenig Aufmerksamkeit, um festzustellen, dass es sich hierbei um eine ziemlich genaue Charakterbeschreibung des untersuchten Menschen handelt.

Geistige Arbeit, insbesondere diejenige, die eine schnelle Auffassungsgabe und Erfassung von Veränderungen verlangt, liegt ihnen mehr als anderen Menschen. Sie sind häufig geschickte Schauspieler und Anwälte, auch Diplomaten, Börsenmakler, Werbefachleute und Erfinder neuer Geschäftsideen. In allen Berufen, die eine hohe Intelligenz erfordern, können sie erfolgreich sein, vorausgesetzt, dass sie die nötige Willenskraft besitzen und Ausdauer, um eine Angelegenheit bis zum Ende zu verfolgen.

Gesundheit: Diese Menschen werden besonders von allen Erkrankungen der Nerven und des Nervensystems betroffen.

Sie leiden an Verdauungsstörungen, die durch Nervosität, Kummer und Sorgen hervorgerufen werden, an Starrkrämpfen, Lähmungen, Sprachproblemen, Stottern, Schlaflosigkeit und heftigen Träumen. Für alle diese Erkrankungen sind sie besonders anfällig. Sie leiden auch an Kehlkopf- und Bronchienproblemen, häufig auch an Nasen- und Augenkrankheiten.

Der negative Merkurberg

Dieser Berg ist negativ, wenn der Mensch zwischen dem 21. August und 20. September bis hin zu 21. des Monats geboren ist. Die letzten sieben Tage sind jedoch nicht so deutlich ausgeprägt, sondern unterliegen auch dem Einfluss des nächsten Zeichens.

Menschen mit dem negativen Merkurberg besitzen alle guten Eigenschaften des positiven Bergs, und manchmal sogar mehr. Zum Beispiel verfolgen sie Dinge oder Themen, mit denen sie sich beschäftigen, dauerhafter und länger.

Sie besitzen kaum die schnelle Auffassungsgabe und Helligkeit des vorgenannten Typs, sind aber dafür zuverlässiger, plagen sich mehr ab und machen im allgemeinen mehr aus ihrem Leben.

Sie sind auch materialistischer und praktischer veranlagt, aber sie analysieren und durchdenken alles was sie tun ganz genau, auch wenn es im Gegensatz zu der Meinung anderer Menschen steht. Wenn sie glauben, dass etwas richtig ist, dann ist es für sie eben richtig, und deshalb geschieht es häufig, dass sie etwas ganz anderes tun als was andere von ihnen erwarten.

Frauen, die in dieser Zeitspanne geboren sind, sind ein ganz besonderes Rätsel. Sie sind entweder tugendhaft oder das Gegenteil, entweder sehr treu und konventionell oder das Gegenteil; entweder gut oder schlecht; sie haben ihre eigenen Gesetze und denken in erster Linie nur an sich selbst.

Menschen, die in dieser Zeitspanne geboren sind, verlassen oft ihren Ehepartner oder ihre Kinder, weil sie es für richtig halten. Sie ändern oft auch in der Lebensmitte ihre religiösen Ansichten oder verändern sich von einem konventionellen Lebensstil zum genauen Gegenteil. Ebenso kann es sein, dass Frauen, die ein unkonventionelles Leben führen, plötzlich religiös werden und sich einem extrem strengen Orden oder einer Glaubensgemeinschaft anschließen.

Wie bei dem positiven Typ muss auch hier die Kopflinie sorgfältig beachtet werden, wenn man voraussagen möchte, was eventuell eintreten wird.

Ist sie deutlich und gerade, dann werden normalerweise die besten Eigenschaften den Menschen retten; ist sie jedoch schwach und kaum zu sehen, dann wird wahrscheinlich die schlechte Seite des Charakters letzten Endes dominieren.

Gesundheit: Diese Menschen sind offener für eine geistige Beeinflussung in Gesundheitsdingen als alle anderen Typen.

Wenn sie krank sind, dann reicht es ihnen, dass sie dies wissen und sie glauben, dass sie genauso wieder gesund werden.

In Wirklichkeit haben sie einfach eine besonders gute gesundheitliche Verfassung, es sei denn, sie nehmen Drogen oder Medikamente.

Da sie sich gern etwas einbilden, sind sie oft leichte Beute für Quacksalber und irgendwelche Neuheiten, die angepriesen werden.

Sie kommen kaum an einer Apotheke vorbei, ohne etwas zu kaufen, und wenn sie bei einer Einladung am Esstisch neben einem Arzt sitzen, dann gehen sie bestimmt mit einem Rezept nach Hause.

Ihre größte Schwäche ist, dass sie ständig mit ihren Gesprächspartnern über ihre vermeintlichen Beschwerden oder Gebrechen sprechen. Selbst schwache

Kopfschmerzen oder andere Dinge, die sie beunruhigen, werden in ihrer Vorstellung aufgebauscht.

Die Natur kann dagegen viel für diese Menschen tun. Ein ruhiges Gemüt, Landleben und viel frische Luft können alle Beschwerden und Gebrechen beheben.

Wenn diese Menschen jedoch in einer unglücklichen Beziehung oder Umgebung leben, dann bricht ihre Gesundheit schnell zusammen, und wenn sie es nicht schaffen, die äußeren Umstände zu verändern, dann kann ihnen kein Arzt der Welt helfen.

Kapitel XI – Der Mondberg und seine Bedeutung

Der Mondberg oder Berg Luna befindet sich unten auf der Hand unter dem Ende der Kopflinie (Tafel VI, Teil II).

Dieser Berg verkörpert alle kreativen Fähigkeiten, ein emotionales künstlerisches Temperament, Romantik, Idealismus, Poesie, Veränderungen im Leben, Reisen und so weiter.

Dieser Berg ist positiv. wenn er hoch oder gut entwickelt aussieht und wenn der Mensch zwischen dem 21. Juni und 20. Juli, sowie bis zum 27. Juli geboren ist.

Menschen mit diesem positiven Zeichen besitzen eine starke Vorstellungskraft, von dem alles, was sie unternehmen oder sagen, beeinflusst wird. Sie sind überaus romantisch, aber dabei idealistisch in ihren Wünschen, und haben nicht die gleiche leidenschaftliche oder sinnliche Veranlagung wie es der Venusberg auf der gegenüberliegenden Seite der Hand anzeigt.

Sie sind sehr erfinderisch und haben mit ihren Erfindungen und Ideen Erfolg in jedem Bereich, den sie anstreben.

Selbst Geschäftsleute, die in dieser Zeitspanne geboren sind, zeigen besonders originelle und erfinderische Ideen, mit denen sie praktische Dinge durchzusetzen.

Allerdings neigen sie zu riskanten Spielen, sei es mit Aktien oder im Geschäftsleben oder in allen anderen Angelegenheiten, die sie unternehmen.

Obwohl sie sehr fantasiebegabt sind, haben sie meistens großen Erfolg in Gelddingen und im Geschäftsleben. Sie werden oft Finanziers und Leiter von großen Organisationen, wenn sie in diesem Zeitabschnitt geboren sind und wenn der Berg Luna auf ihrer Hand gut entwickelt ist.

Man sagt immer, dass „wahr wird, was man im Traum sieht“, und es ist wahr, dass die fantasiebegabtesten Menschen aller Charaktertypen auch die erfolgreichsten sind. Fantasie kann auch ein anderer Name für Inspiration sein.

Menschen, die in dieser Zeitspanne geboren sind, sind selten engstirnig oder lassen sich von Konventionen beeinflussen. Sie mögen alles Neue, und aus diesem Grund lieben sie wohl auch Reisen und Veränderungen, und im allgemeinen haben sie das Meiste von unserer Erde gesehen, bevor sie den letzten Fluss überqueren.

Für sie gibt es genau so viele Veränderungen in ihrem Beruf wie in ihrem Leben. Selbst erfolgreiche Menschen dieser Zeitspanne erleben mehr Auf und Ab als die meisten anderen Charakteren.

Sie lassen sich allerdings kaum von Schicksalsschlägen niederdrücken. Ihre Fantasiebegabung hilft ihnen wahrscheinlich dabei und so bleiben sie selten länger am Boden zerstört oder niedergeschlagen.

Erfinder, Künstler, Musiker und Komponisten sind unter diesem Zeichen zu finden, aber ausnahmslos haben sie auch eine Neigung zu mystischen und okkulten Dingen, und ihre Träume und Visionen sind greifbar und deutlich.

Da die Kinder des Mondes viel dem Einfluss ihres Planeten verdanken, sind sie auch magnetischer und erfolgreicher, wenn der Mond am Himmel erscheint. Selbst ihr Gesundheitszustand scheint sich unter dem Einfluss des Mondes zu verändern, und es ist immer ratsam, wenn sie ihre Pläne oder Handlungen dann beginnen, wenn ihr Planet den Himmel beleuchtet.

Dass der Mond eine bedeutende Rolle in irdischen Dingen spielt, kann nicht bezweifelt werden. Jeden Tag werden immer mehr Erkenntnisse über seinen seltsamen magnetischen Einfluss gewonnen, der eine erstaunliche Wirkung auf das Wachstum von Pflanzen und sogar von unbelebtem Dingen hat.

Auch Denker, die sich nicht mit okkulten Dingen beschäftigen, haben die Wirkung des Mondes auf irdische Dinge festgestellt. Wenn der Mond einen Einfluss auf Pflanzen, Eier und das Wachstum von Hühnern haben kann, was heute bewiesen ist, wie viel leichter sollte er dann doch auch Einfluss auf das menschliche Gehirn haben, dieses sensibelste und mysteriöseste aller Dinge.

Menschen, die in der von mir genannten Zeitspanne geboren wurden, sollten äußerst vorsichtig im Umgang mit anderen Menschen sein, da sie ungewöhnlich sensibel auf die Anziehungskraft anderer Menschen reagieren.

Sie sollten möglichst nicht in jungen Jahren heiraten, wenn sie sich nicht absolut sicher sind, dass sie eine Seelenverwandtschaft gefunden haben. Diese Menschen verändern und entwickeln sich schnell, und sie neigen dazu, sich „wegzuentwickeln“ von den Menschen, mit denen sie sich früher umgeben haben. Dies bezieht sich auch auf Geschäftspartner; sie sollten weitgehend „für sich allein“ arbeiten, aber wenn sie einen Partner haben, dann sollte es sich nicht um eine bindende oder einschränkende Zusammenarbeit handeln, und es sollte immer eine Klausel bestehen, dass die Partnerschaft aufgelöst werden kann, wenn sie belastend wird.

Gesundheit: Die Kinder des Mondes neigen zu entzündlichen und nässenden Krankheiten. In ihren frühen Jahren neigen sie zu Wasserkopf, Gastritis und Durchfall, später im Leben zu Lungenentzündung, Brustfellentzündung und Wassersucht.

Der negative Mondberg

Dieser Berg wird als negativ angesehen wenn er auf der Hand sehr flach aussieht, und wenn der Mensch zwischen dem 21. Januar und 20. Februar sowie in geringerem Maße bis 27. Februar geboren ist. Menschen, die an diesem Datum geboren sind, haben gute geistige Fähigkeiten, aber ihre kreativen Vorstellungen sind nicht so weit entwickelt wie bei den Menschen des positiven Mondbergs. Diese Menschen lösen in aller Ruhe Dinge, die die Organisation von Firmenangelegenheiten betreffen und sind auch sehr gut in Regierungstätigkeiten. Sie sind ausgezeichnete Abteilungsleiter und wachsen schnell und leicht mit ihren Aufgaben. Sie sind anspruchsvoll und haben feste Ansichten zu Liebe, Pflicht und dem gesellschaftlichen Leben. Sie unternehmen große Anstrengungen zum Wohl anderer Menschen, aber normalerweise ist ihre Arbeit effektiver für die Allgemeinheit als für einzelne Menschen.

Sie sind sehr gutherzig und helfen gern, wenn sie können, aber gleichzeitig neigen sie dazu, sich Feinde zu machen, und wenn sie Regierungspositionen einnehmen, werden sie heftig von der Presse der Gegenpartei angegriffen. Ihre Arbeit wird selten angemessen anerkannt, wenn sie einen anderen Tätigkeitsbereich übernehmen oder wenn sie diese Welt des Misstrauens und der Undankbarkeit verlassen. Sie sind normalerweise ausgezeichnete Redner, sprechen aber eher in einfachen Worten und in ihrem eigenen Stil.

Im Allgemeinen übernehmen sie unpopuläre Aufgaben und spielen die Rolle des Verlierers im Kampf. Sie sind hingebungsvolle und loyale Freunde, wenn es gelingt, ihre Freundschaft zu erringen, aber gleichzeitig sind sie sehr sensibel und leicht durch die Menschen, die sie lieben, zu verletzen.

Sie sind sehr religiös engagiert und bringen ihre religiösen Ansichten in allem was sie tun ein. Sie neigen dazu, zu fanatisch zu sein, und wenn man sich ihnen widersetzt, dann können sie ausgesprochen dickköpfig, dogmatisch und schwierig im Umgang sein.

Es liegt ihnen, große Verantwortung für andere zu übernehmen, besonders wenn es sich dabei um Regierungsarbeit oder Geschäftsführung handelt.

Gesundheit: Diese Menschen sorgen sich solange bis sie krank werden. Sie überarbeiten sich und bekommen Nervenzusammenbrüche, Herzrasen und Herzschwächen, oft auch Lähmungen. Sie haben Magenprobleme, leiden an Übersäuerung, Rheuma, Leberbeschwerden und Gicht. Sie sind besonders anfällig für Unfälle mit Verletzungen an den Füßen, Knöcheln und Extremitäten. Sie sollten sich bei Wasserwegreisen vorsehen, denn selten kommen sie durch ihr Leben, ohne früher oder später einer großen Gefahr zu ertrinken ausgesetzt zu sein.

Kapitel XII – Der Venusberg und seine Bedeutung

Der Abschnitt der Handfläche unter dem Daumen und innerhalb der Lebenslinie wird als Venusberg bezeichnet (Tafel VI, Teil II).

Ist er gut ausgeprägt und nicht zu groß, dann zeigt er den Wunsch nach Liebe und Partnerschaft an, den Wunsch zu gefallen, die Neigung zu Schönheit in jeder Form sowie künstlerisches und emotionales Temperament. Man findet dieses Zeichen normalerweise auf den Händen von Künstlern, Sängern und Musikern.

Dieser Berg, so sagt es auch die Lehre der Physiologie, bedeckt eines der wichtigsten Blutgefäße auf der Hand, nämlich den „großen Bogen“. Ist dieser Bogen gut ausgeprägt, dann bedeutet dies eine gute Blutzufuhr und eine aktive Blutzirkulation. Menschen mit diesem Berg haben eine robuste Gesundheit uns sind naturgemäß leidenschaftlicher als Menschen mit schwachem Gesundheitszustand, bei denen dieser Bereich der Hand entweder flach oder kaum entwickelt ist. Ist dieser Berg groß ist, dann bedeutet er also mehr Leidenschaft und Sinnlichkeit als wenn er flach oder wenig entwickelt ist.

Der Berg wird positiv genannt, wenn er hoch oder groß ist, und negativ, wenn er klein oder flach ist.

Ist der Rest der Hand normal ausgeprägt, dann ist der gut geformte Berg ein sehr gutes Zeichen, da er Anziehungskraft und Attraktivität gegenüber dem anderen Geschlecht bedeutet. Sind jedoch böse oder abnorme Zeichen auf der Hand, dann werden diese dadurch noch verstärkt.

In Kombination mit den Geburtsdaten, wie in den vorangegangenen Kapiteln beschrieben, wirft er ein Licht auf Charaktereigenschaften des Menschen, die ansonsten vielleicht übersehen werden.

Der Handleser kann davon ausgehen, dass der Berg positiv ist, wenn der Mensch zwischen dem 20. April und 20. Maigeboren ist, sowie in schwächerer Form bis zum 27. Mai. Die wichtigsten Eigenschaften in diesem Zeitraum sind folgende:

Diese Menschen besitzen eine merkwürdige Macht über andere, sind meist dogmatisch in ihren Ansichten und oft sogar unnachgiebig und tyrannisch. Man empfindet sie als eigensinnig und hartnäckig, wenn sie sich jedoch verlieben, dann sind sie seltsamerweise die hingebungsvollsten Sklaven des angebeteten Partners, und kein Opfer ist ihnen für den Menschen, den sie lieben, zu groß.

Sie sind gastfreundlich und großzügig und lieben es, ihre Freunde zu unterhalten. Sie sind wunderbare Gastgeber, verstehen viel von gutem Essen und geben ausgezeichnete Dinnerpartys.

Sie ziehen sich geschmackvoll an, und man hält sie für reicher als sie sind, da sie aus wenig viel machen können.

Sie sind impulsiv in ihren Vorliegen und Abneigungen, sprechen oft ohne Überlegung, sind von hitzigem Temperament, und wenn sie sich aufregen gibt es kein Halten bei den Dingen, die sie sagen.

Ihre Leidenschaft bzw. ihre Aufregung ist genauso schnell wieder vorüber, und wenn der Sturm sich gelegt hat, bedauern sie zutiefst die Verletzungen, die ihr Zorn verursacht haben mag.

Diese Menschen lassen sich leicht von ihrer Umwelt beeinflussen und werden trübsinnig und depressiv, wenn sie in einer bedrückenden und nicht angemessenen Umgebung leben müssen.

Niemand, der in dieser Zeitspanne geboren ist, sollte früh heiraten, denn der erste Versuch ist meistens ein Irrtum. Diese Menschen haben einen sehr unabhängigen Charakter, und wenn sie früh heiraten und dann feststellen, dass dies ein Fehler war, dann leben sie weiterhin ihr unkonventionelles Leben und werden dafür heftig kritisiert

Gesundheit: Menschen, die in dieser Zeitspanne geboren sind, haben meistens kurze oder rund geformte Nägel, die auf Probleme mit Hals und Nase hinweisen (siehe Kapitel über Nägel, S. 97). Sie leiden üblicherweise an Kopf- und Ohrenschmerzen sowie Schwellungen am Nacken. Sie neigen zu Tumoren, Blinddarmbeschwerden und anderen inneren Erkrankungen, speziell des Darms.

Der negative Venusberg

Dieser Berg ist negativ, wenn der Mensch zwischen dem 21. September und 20. Oktober sowie in geringerem Ausmaß bis 27. Oktober geboren ist. Bei diesen Menschen ist der Berg selten gut ausgeprägt. Die Liebe dieser Menschen mag genauso intensiv sein, aber sie ist mehr geistig als körperlich.

Ihre Liebe ist eher spirituell als sinnlich, und sie wünschen sich mehr eine Seelenverwandtschaft als eine körperliche Verbindung.

Natürlich gibt es Ausnahmen, aber diese Ausnahmen können leicht erkannt werden, wenn der Venusberg der Menschen, die in dieser Zeitspanne geboren sind, groß ist.

Alle geistigen Eigenschaften sind dagegen besonders stark ausgeprägt. Menschen, die in diesem Zeitabschnitt geboren sind, besitzen eine große Intuition und geistige Ausgeglichenheit, die der Charakter der anderen Zeitspanne nicht besitzt. Sie haben Vorausahnungen und psychische Erlebnisse, Träume, hellseherische Fähigkeiten usw., die sie jedoch oft durch ihr vernunftbetontes Verhalten verderben, da sie immer versuchen, alle Probleme durch ihren Verstand und geistigen Fähigkeiten zu lösen.

In der Liebe sind sie fast immer unglücklich. Sie können sich nicht „gehen lassen“ wie der positive Venusberg. Sie zögern und verpassen ihre Gelegenheiten, weil sie zu lange überlegen, und so vergeht die Liebe und lässt ihnen nichts als Bedauern zurück. Man sollte ihnen raten, auf ihren ersten Eindruck und ihre Intuition zu hören, und die Gelegenheit zu nutzen, die ihnen das Schicksal anbietet.

Sie befassen sich viel mit allen geistigen Fragen, die ihre Mitmenschen betreffen. Oft studieren sie Recht, aber eher zum Nutzen anderer Menschen als zu ihrem eigenen.

Sie besitzen einen großen Wissensdurst und verbringen ihr Leben oft damit, merkwürdige Dinge zu studieren, wobei jedes Detail sorgfältig geprüft wird. Sie sind ausgezeichnete Doktoren, Richter, Rechtsanwälte und bringen es in bestimmten Bereichen zu großen geistigen Meisterschaften, aber meist ohne davon einen besonderen materiellen Vorteil zu haben.

Gesundheit: Menschen, die in dieser Zeitspanne geboren sind, fehlt es oft an körperlicher Stärke, sie haben schwache Nerven, neigen zu Depressionen, Melancholie, zu intensiven Gefühlen der Einsamkeit usw. außerdem zu starken Kopfschmerzen, Schmerzen am Rücken, den Lenden und Nieren. Und ähnlich wie die Menschen der anderen Venus-Zeitspanne neigen sie stark zu inneren Krankheiten, insbesondere als Frauen, und müssen sich häufig schweren Operationen unterziehen.

Kapitel XIII – Hinweise für den Leser: Der beste Weg, einen Abguss zu erstellen oder Handabdrücke zu nehmen

Ich rate jedem Handleser, Abgüsse in Gips, Wachs oder einem anderen geeigneten Material zu machen und eine Sammlung anzulegen, zum einen für private Untersuchungen, zum anderen aber auch als wertvoller Beleg der eigenen Arbeit.

Bevor ich angefangen habe, professionell Hände zu lesen, besaß ich einige tausend Abgüsse, Papierabdrücke und Fotografien von Händen, und diese waren mir immer eine große Hilfe bei der Analyse und Erforschung von Handformen und Zeichen.

Für den Abguss empfehle ich immer den feinsten erhältlichen Gips. Wenn der Gips die richtige Konsistenz hat, muss ein feiner Ölfilm auf die Hand gerieben werden, bevor der Gips aufgetragen wird, da sonst die Haare festkleben und Probleme machen würden.

Dentalwachs, in heißem Wasser erhitzt und weich gemacht, ist ebenfalls ein ausgezeichnetes Material, um Formen abzunehmen, außerdem macht es weniger Schmutz und ist einfach in der Handhabung.

Der große Nachteil einer solchen Sammlung ist, dass man viel Platz zur Aufbewahrung braucht. Um dies zu vermeiden, kann sich der Handleser auch eine Sammlung von Papierabdrücken anlegen, und diese beschriftet und nummeriert in einem Album oder Notizbuch, wie man es beim Papierwarenhändler erhält, aufbewahren.

Für diese Abdrücke benutzt man am besten eine Gummiwalze, wie sie in der Druckerei für feine Arbeiten, zum Beispiel Prägedruck, verwendet wird. Dazu eine Tube Druckertinte und eine kleine Glasplatte, um die Farbe auszurollen, bis die Walze gleichmäßig damit bedeckt ist.

Die Walze wird über die Handfläche gerollt und die Hand dann fest auf ein weiches Blatt weißes Papier gedrückt. Mit ein bisschen Übung können hiermit leicht gute Ergebnisse erzielt werden.

Wenn der Abdruck getrocknet ist, wird er mit Datum und Nummer versehen und in einem Album als Nachweis abgelegt.

Die Farbe auf der Hand entfernt man am besten mit pulverförmiger Seife, die auf die Hand und die Nägel gestreut und dann abgebürstet wird, eventuell mit etwas heißem Wasser, falls nötig.

Diese Abdrücke mit Druckertinte sind erheblich besser als solche auf Papier, das mit Kampferrauch oder Kerzen usw. geschwärzt wurde.

Am besten untersucht man die Hände am Tage, zum einen, weil das Licht besser ist, aber vor allem, da die Blutzirkulation die Handfläche nicht so rot färbt wie dies nachts der Fall ist, so dass auch die zarteren Linien gut erkannt werden können.

Wie in den vorherigen Kapiteln beschrieben, müssen immer die rechte und die linke Hand gemeinsam betrachtet werden, um festzustellen, welche Unterschiede in den Formen und Lagen der Linien zu finden sind. Die Zeichen der rechten Hand sind jedoch die einzigen, nach denen man sich richten sollte.

Und abschließend rate ich dir, nicht ständig nach den Fehlern und Schwächen des Menschen, den du betrachtest, zu suchen. Denke daran, niemand ist perfekt, und diese Fehler und Schwächen sind vielleicht die Stufen, „auf denen wir aufsteigen von unserem schwachen Ich zu höheren Dingen."

Weitere Bücher aus dem Bohmeier Verlag

Die Geheimnisse der Hand

Erkenne deine Vergangenheit, Gegenwart und Zukunft

von Cheiro

ISBN 978-3-89094-602-3, 64 Seiten, Softcover, Format DIN-A5

Cheiro (William John Warner) war ein bekannter Okkultist, weltberühmter Autor und ein gefürchteter Prophet, weil seine - aufgrund der Chiromantie gemachten - Vorhersagen immer zutrafen! Sein Pseudonym geht auf die Chiromantie (Handlesekunst) zurück.

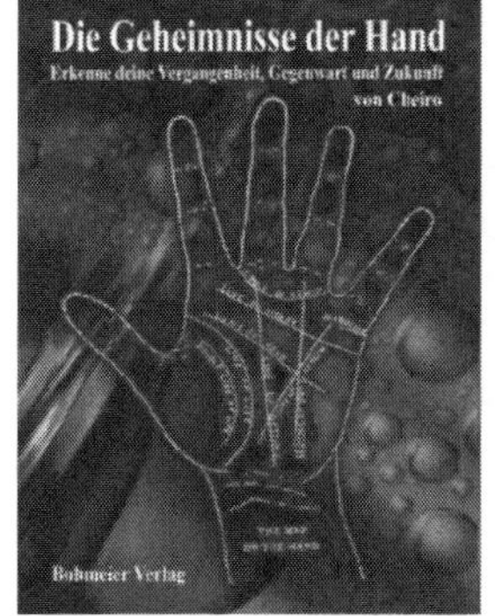

In diesem Buch erläutert Cheiro ganz klar, deutlich und einfach die Bedeutung aller Zeichen der Hand, die er durch jahrelange Untersuchungen und Experimente belegt hat.

Das wirklich besondere an Cheiros Büchern aber ist, dass er es schafft, eine schwierige Materie ganz einfach darzustellen. Seine Abbildungen sind auf das Wesentliche konzentriert und deshalb äußerst effizient. Damit unterstützen sie vorzüglich die eigene Schulung und Sie erfahren sofort im direkten Vergleich mit Ihrer Hand, ob Sie reich, arm, verstandesbetont oder besonders empfindsam sind und welche Chancen für Erfolg, Gesundheit, Glück (auch in der Liebe) das Leben noch für Sie bereithält.

In jedem seiner Bücher findet man besondere und vertiefende Schwerpunkte. Keines seiner Bücher ist gleich und jedes einzelne erweitert das Verständnis ungemein. In diesem Buch werden erstmals auch Zeitpunkte erläutert, an dem die Ereignisse eintreten.

So werden Sie erfahren:

Welche Fehler und Schwächen habe ich?
Welche Möglichkeiten und Stärken?
Heirate ich? Und wenn ja, wann wird dies geschehen?
Steht mir eine Trennung oder Scheidung bevor?
Werde ich Kinder haben? Wie viele werden es sein und wann wird das geschehen?
Wie lange werde ich leben? Wie lange leben meine Angehörigen?
Welche Krankheit wird mein Leben begleiten oder bin ich immer gesund?

Unter Millionen von untersuchten Menschen gibt es nicht zwei, die die gleichen Linien auf ihren Händen haben. Jeder Mensch ist absolut einmalig und hat seine besonderen einmaligen Fähigkeiten.

Durch Cheiros Bücher zur Handlesekunst werden Sie wirklich in die Lage versetzt, Ihr eigenes „Buch des Lebens“ zu lesen!

Sie werden erfahren was das Leben für Sie persönlich bereithält!

Die Handlesekunst
von Cheiro

ISBN 978-3-89094-572-9, 104 Seiten, Softcover, Format DIN-A5

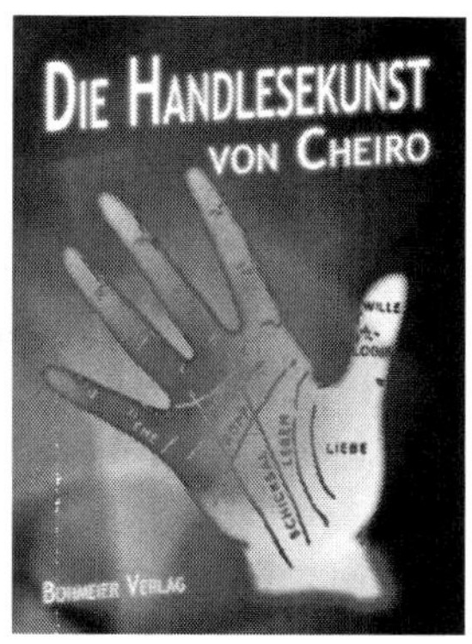

Cheiro ist das Pseudonym eines in England lebenden Aristokraten, der nicht genannt zu sein wünscht. Er widmete sein Leben der Forschung und erlangte auf seinen zahlreichen Reisen umfangreiche Kenntnisse und Erfahrungen in der Chirologie (Handlesekunst). Er bezog hauptsächlich aus alten ägyptischen, indischen und tibetanischen Quellen sein Wissen, so dass das Studium seines Werkes den Erfahrungsschatz von Jahrtausenden auf diesem Gebiet vermittelt. Es gibt wohl keinen anderen Chirologen, der seine Materie so souverän beherrscht und dabei die Gabe besitzt, sein Wissen so klar und verständlich wiederzugeben. Jedem Schüler oder Anhänger dieser Wissenschaft wird es deshalb sehr leicht fallen, aus diesem Buch vielfältige Anleitung zu schöpfen. Die Wissenschaft der Chirologie ist ein ausgezeichnetes Mittel zur Selbst- und Menschenkenntnis, eine große Hilfe für die Erziehung und eine wertvolle Unterstützung für den Diagnostiker, denn der daraus geschöpfte Erfahrungsschatz ist im praktischen Leben jederzeit anwendbar. Cheiro ist der Meister unter den Chirologen!

Goethe als Okkultist
von Prof. Max Seiling

ISBN 978-3-89094-566-8, 128 Seiten, Softcover, Format DIN-A5

Über Goethe, den großen deutschen Dichterfürsten, meinen die meisten so gut wie alles zu wissen. Unzählige Publikationen gibt es über sein Leben, Analysen über seine Werke, und vieles mehr…

Den wenigsten ist aber bekannt, dass Goethe selbst in seinem Leben, oder durch Freunde und Verwandte (schon sein Großvater verfügte über die Gabe des Vorausschauens), viele okkulte Phänomene erfuhr: Träume die sich bewahrheiteten, dunkle Vorahnungen und Orakel, Gedankenübertragung und Telepathie, spukhafte Vorgänge deren Zeuge er wurde, Poltergeisteffekte, mystische Zustände und vieles andere ‚Unerklärliche' mehr. Das führte dazu, dass er sich ausführlich dem Thema "Okkultismus" widmete. Viele seiner Werke greifen diese Erlebnisse und Geschehnisse auf. Belege für Goethes Glauben an magische Wirkungen findet man in vielen seiner Bücher. Zudem war er an den klassischen alten Wissenschaften mehr als interessiert: Astrologie, Chiromantie, Alchemie sind nur einige davon, und da erstaunt es auch nicht, dass Goethe Freimaurer und Illuminat war.

Max Seiling gibt einen phantastischen Überblick über Goethes okkultes Leben und Wirken, und lässt auch viele Bezüge zu dessen Werk nicht aus.

Lernen Sie die faszinierende unbekannte und geheimnisvolle Seite Goethes kennen!